K&W

WILLIAM

Uma História de Amor Real

& KATE

Texto fixado conforme as regras do Novo Acordo Ortográfico da Língua Portuguesa (Decreto Legislativo nº 54, de 1995).

Todas as imagens são cortesia do *The Sun*, com as seguintes exceções:

p34, 78, 91 AFP; p4, 141, 178 AFP/Getty; p68, 189 Alamy; p82 All Action Digital; p51 Alpha; p28, 36 AP; p193, 201, 208 Arthur Edwards/*The Sun*; p94 Barcroft Media; p98 Big Pictures; p20, 29 Corbis; p114 Desmond O'Neill; p135 Enigma; p146, 150 EPA; p200 Eyevine; p158, 167 Getty; p154 Goff Photos; p148 Jim Bennett; p117, 122, 123 Matrix; p71, 99, 101, 110, 133, 151, 153, 170, 175, 196 News Group Newspapers; p142 Newspix; p7, 10, 39, 40, 55, 83, 90, 92, 102, 105, 128, 161, 166 PA; p41, 42 Peter Kelly; p136 Peter Nicholls; p25, 48, 62, 76, 113, 119, 153, 159, 162, 172 Reuters; p23, 44, 74, 109, 125, 141, 144, 145, 164, 166, 168, 169 Rex Features; p120, 154 Solarpix; p54 Splash; p61 *Daily Mail*; p14, 85, 87, 88, 126, 129, 130, 132, 185 Times Newspapers Limited; p126 Woolworths; p18 WPA Solo Rota; p30 Xposure

Todos os esforços foram feitos para determinar a origem das imagens deste livro. Infelizmente, nem sempre isso foi possível. Teremos prazer em creditar as fontes, caso se manifestem, nas próximas edições.

Título original: William & Kate: A Royal Love Story
Tradução: Renato Rezende
Preparação de texto: Ronald Polito
Revisão: Ana Tereza Clemente e Maria A. Medeiros
Paginação e adaptação de capa: Ana Dobón
Foto de capa: AP Photo/Kirsty Wigglesworth
Foto de quarta capa: Arthur Edwards

1ª edição, 2011

Dados Internacionais de Catalogação na Publicação (CIP)
(Câmara Brasileira do Livro, SP, Brasil)

Clench, James
William & Kate : Uma História de Amor Real /
James Clench ; [tradução Renato Rezende]. --
São Paulo : Globo, 2011.

Título original: William & Kate : A Royal Love Story.
ISBN 978-85-250-4956-8

1. Casamentos da realeza e nobreza - Grã-Bretanha 2. Histórias de amor 3. Middleton, Kate, 1982- 4. Príncipes - Grã-Bretanha - Biografia 5. William, Príncipe, neto de Elizabeth II, Rainha da Inglaterra, 1982- I. Título.

10-14127 CDD-923.1

Índices para catálogo sistemático:
1. Príncipes : Grã-Bretanha : Biografia 923.1

Direitos de edição em língua portuguesa
para o Brasil adquiridos por Editora Globo S.A.
Av. Jaguaré, 1485 – 05346-902 – São Paulo – SP
www.globolivros.com.br

Sumário

Introdução

A efusão de alegria gerada pela novidade do tão esperado noivado do príncipe William com a bela Kate Middleton não foi nenhuma surpresa. William sempre ocupou um lugar especial nos corações britânicos, que viram em Kate as qualidades necessárias para se tornar uma perfeita futura rainha.

Patriotas, os seguidores da família real sempre acompanharam de perto cada reviravolta da vida de William como se ele fosse um sobrinho ou mesmo um filho do melhor amigo. Durante sua adolescência, criou-se uma expectativa sobre quem seria sua escolhida como esposa.

O *The Sun* foi o primeiro jornal a declarar ao mundo que William havia se apaixonado por Kate. Desse dia em diante, todas as atenções se voltaram para a graciosa morena que encantava a todos. Então, a obsessão nacional pela vida amorosa de William se transformou da pergunta "Quem?" para a nova e mais urgente questão "Quando?".

Ao pedir Kate em casamento, William escolheu nada menos que uma jovem mulher dotada de glamour, graça, equilíbrio e inteligência.

Alguns até chegaram a acreditar que Kate encantará da mesma maneira que a falecida mãe de seu futuro marido, a atraente e imensamente popular princesa Diana. Aqueles que acompanharam de perto a relação do casal estão convencidos de que Kate e William fazem um par melhor que Diana e o príncipe Charles. Os jovens têm apenas seis meses de diferença de idade, enquanto Charles e Diana se separavam por um abismo de doze anos. Eles também compartilham interesses em comum, traços marcantes de personalidade, além de um desejo bastante saudável de normalidade, apesar de suas obrigações reais.

Ainda assim, essa é uma união de dois passados bem diferentes, de um jovem criado para ser rei e uma menina de uma pequena cidade da Inglaterra.

"William escolheu nada menos que uma jovem mulher dotada de glamour, graça, equilíbrio e inteligência."

1

Mundos distantes

Nascido em meio a incontáveis privilégios e gente para servi-lo, William supostamente teve uma criação invejável. Porém, ironicamente, foi Kate quem teve a infância perfeita, provida de amor e estabilidade na segurança de sua família.

Catherine Elizabeth Middleton nasceu no dia 9 de janeiro de 1982, no hospital Reading's Royal Berkshire, e é filha de Carole e Michael. Apenas dezoito meses depois, ela ganhou uma irmã, Pippa, e passados três anos e meio, seu irmão James. Carole Goldsmith trabalhava como aeromoça nos anos 1970 quando conheceu seu marido. Michael Middleton era um belo piloto que fazia bastante sucesso entre as aeromoças. Casaram depois de um curto período de namoro, em Chiltern, Buckinghamshire, em 1980.

Kate nasceu dois anos depois e passou os primeiros treze anos de sua vida no pequeno vilarejo de West View, perto de Bradfield Southend, em Berkshire. Seus pais compraram uma vila vitoriana por 35 mil libras, em 1979 – uma decisão importante, que contribuiu para a atual posição de Kate. Eles estavam determinados a fazer de tudo por seus filhos, e por isso concluíram que a vida em voos internacionais não era compatível com a vida em família. Eles deixaram a companhia aérea e abriram a Party Pieces, uma empresa on-line de fornecimento de artigos para festas, garantindo assim o futuro de seus filhos. Coincidentemente, lembranças de casamento e fantasias de princesa são alguns dos itens despachados hoje pela bem-sucedida empresa familiar.

Em 1987, Carole inaugurou o negócio em uma pequena casa e depois expandiu para uma pequena unidade industrial perto de Yattendon. Oito anos depois, a firma se mudou novamente para construções de uma antiga fazenda perto dali. Nesse mesmo ano, a família pagou 250 mil libras por uma casa no vilarejo de Bucklebury. A propriedade de cinco quartos em meio à região florestal agora vale mais de 1 milhão de libras.

Kate teve uma infância privilegiada, crescendo na paisagem de cartão-postal das pequenas vilas inglesas, criada por pais que vendiam divertidos artigos de festa. Anos depois, começou a escrever em um blog no website Party Pieces, algo que revela sua juventude despreocupada e alegre. Kate relata sua infância feliz, vestindo-se de palhaço com calças gigantes em festas a fantasia. Uma de suas melhores lembranças é um incrível bolo em formato de coelho branco, feito de marshmallow por sua mãe, quando ela estava com sete anos. Jogos de dança eram suas brincadeiras favoritas, pois sempre foi uma exímia dançarina. E lembrancinhas eram as melhores coisas da festa, ela lembra, porque continham tudo "o que minha mãe me proibia de comer. Sempre uma delícia." Ela recomenda festinhas com comida para meninas e de acampamento para meninos, "ótima maneira de aproximar pais e filhos". Kate admite que o bolo feito para o aniversário de seu irmão James foi um desastre, porque se esqueceu de adicionar fermento.

ROYAL Sun

AND THEN HE KISSED HER!

FOR all the world to see . . . Charles and Diana proclaim their love with a tender kiss on the Palace balcony

A GREAT SUN PICTURE BY ARTHUR STEEL

Quando William e Kate falam sobre suas respectivas infâncias, as memórias inocentes dela parecem bem diferentes das lembranças dolorosas do príncipe. Ele teve a infância exaurida pelo trauma causado pela separação dos pais e a trágica morte da mãe – tudo sempre exposto pela mídia.

A vida de William Arthur Philip Louis Wales já prometia muito desde o início, pois ele estava destinado a se tornar o 42º monarca desde William, o Conquistador, que assumiu o trono inglês em 1066. Seu nascimento no hospital St. Mary, em Londres, no dia 21 de junho de 1982, foi celebrado com 41 tiros, bater de sinos e júbilo espalhado por toda a Grã-Bretanha e além. Esse dia aconteceu onze meses depois da união entre o príncipe Charles, o filho mais velho da rainha, e lady Diana Spencer.

A cerimônia de conto de fadas na catedral de St. Paul foi acompanhada por cerca de 750 milhões de pessoas ao redor do mundo, maravilhadas com o esplendor do evento.

“Diana tomou para si a missão de garantir para eles diversão, liberdade e, principalmente, algum senso de normalidade.”

William herdou a beleza da mãe, o caráter questionador do pai e – como o tempo revelaria – o traço marcante da realeza. O príncipe Harry nasceu dois anos depois, e os irmãos se tornariam grandes amigos e aliados.

Eles foram criados nos arredores do palácio, vigiados pela babá Barbara Barnes, que esteve presente nos primeiros anos de suas vidas.

Ser um príncipe trazia muitas vantagens. Certa vez, William ganhou de aniversário um carro de 60 mil libras da marca Jaguar, presente muito superior se comparado às fantasias de palhaço da infância de Kate. Em outra ocasião, ele divertidamente ameaçou um garoto de um colégio rival com os soldados de sua avó durante uma briga.

Enquanto ele crescia, não havia como negar que o casamento de seus pais havia entrado em colapso diante de seus olhos, como também diante de toda a nação. A separação de Charles e Diana em 1992, independentemente das inúmeras atribuições de culpa – todos tinham alguma opinião –, provocou um sentimento mundial de compaixão por William e Harry. Nessa época, Kate dançava em festinhas, enquanto William se encontrava no meio da separação brutal que marcou o *annus horribilis* da rainha da Inglaterra.

Apesar de tudo, mesmo os maiores críticos da união Charles--Diana admitem que os dois, individualmente, fizeram o melhor por seus filhos. Diana tomou para si a missão de garantir para eles diversão, liberdade e, principalmente, algum senso de normalidade.

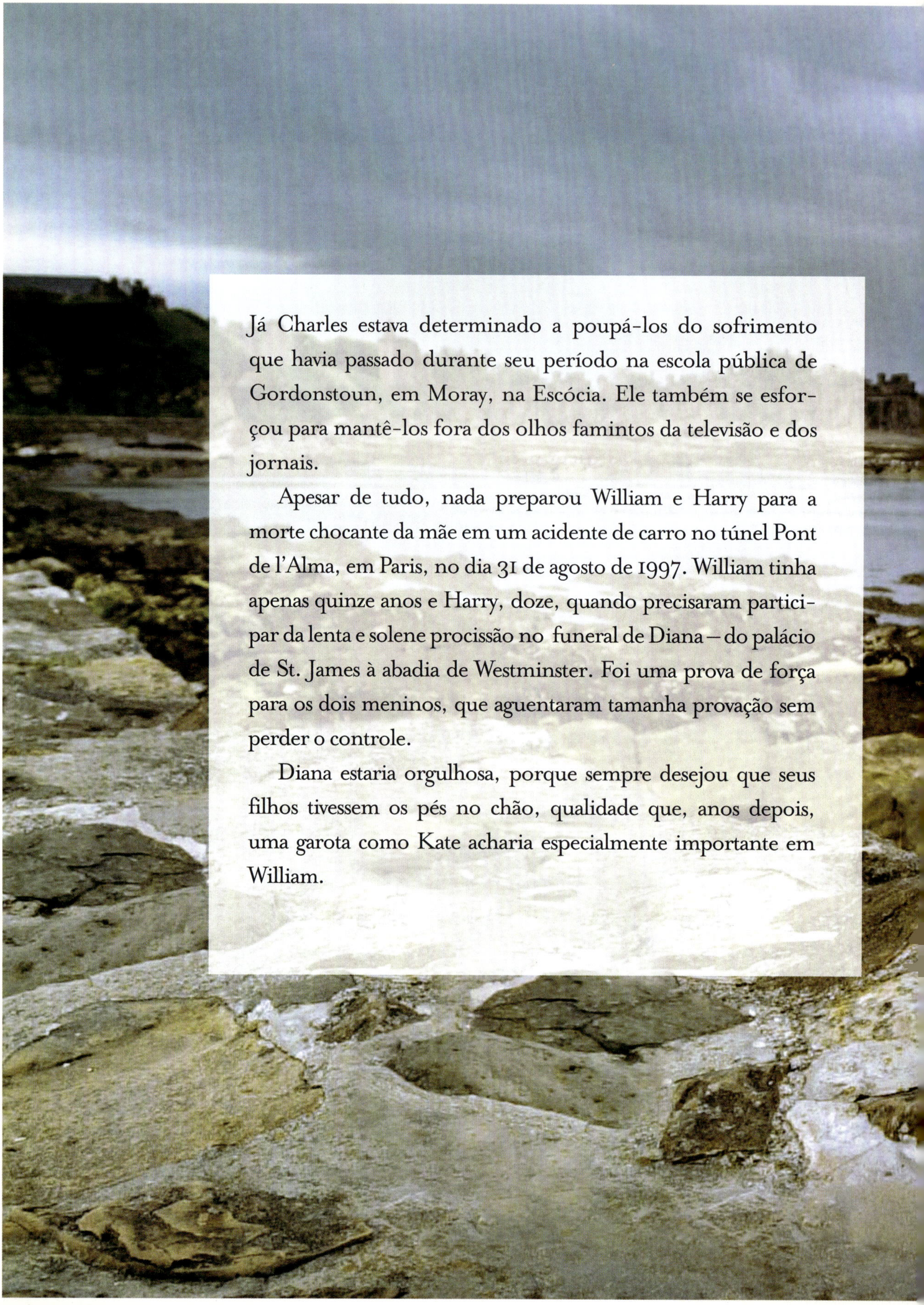

Já Charles estava determinado a poupá-los do sofrimento que havia passado durante seu período na escola pública de Gordonstoun, em Moray, na Escócia. Ele também se esforçou para mantê-los fora dos olhos famintos da televisão e dos jornais.

Apesar de tudo, nada preparou William e Harry para a morte chocante da mãe em um acidente de carro no túnel Pont de l'Alma, em Paris, no dia 31 de agosto de 1997. William tinha apenas quinze anos e Harry, doze, quando precisaram participar da lenta e solene procissão no funeral de Diana – do palácio de St. James à abadia de Westminster. Foi uma prova de força para os dois meninos, que aguentaram tamanha provação sem perder o controle.

Diana estaria orgulhosa, porque sempre desejou que seus filhos tivessem os pés no chão, qualidade que, anos depois, uma garota como Kate acharia especialmente importante em William.

2

Uma paixão colegial

Carole e Michael Middleton estavam muito determinados a dar a Kate, Pippa e James as melhores condições de vida possíveis. O incrível sucesso da empresa Party Pieces possibilitou que investissem em educação privada para os filhos. Dos quatro aos doze anos, Kate foi enviada à escola preparatória de St. Andrew, em Pangbourne, Berkshire. Essa instituição, que cobrava 10 mil libras ao ano, estava localizada apenas a alguns quilômetros da casa da família em Bucklebury, e as altas taxas pagas provaram que valiam a pena, dado o desenvolvimento primoroso de Kate.

Totalmente adaptada à vida escolar, Kate era uma das mais populares e aplicadas alunas da St. Andrew. Seu talento estava presente na maioria das páginas da revista da escola, *The Chronicle*. Ela também era campeã de tênis, além de capitã dos times de natação, *netball*, *cross country*, entre outros. O diretor esportivo a encheu de elogios ao descrever sua facilidade para o hóquei:

"Ela é uma jogadora rápida e talentosa, porém, às vezes, pode ser um pouco preguiçosa..."

No atletismo, Kate tinha o recorde da escola em salto em distância e em altura. Uma colega dos tempos de escola lembra: "Kate era extremamente esportiva, parecia até um garoto, e os professores a amavam".

Seus talentos iam além dos campos desportivos, chegavam às artes dramáticas. Em 1993, há um registro na revista *The Chronicle* de sua atuação como um dos ratos na produção escolar *Ratz*. No mesmo ano, ela interpretou Eliza Doolittle no clássico *My fair lady*. De acordo com a revista, em junho de 1994, Kate "deslizou sobre o palco esbanjando estilo e serenidade". Por isso, não houve surpresa quando ela foi premiada por seu trabalho – ganhou o troféu daquele ano por esforço e participação. Sua amiga acrescenta: "Ela era uma aluna modelo, e vinha de uma família modelo. Seus pais apoiaram muito os três filhos. Sempre se envolviam com os eventos da escola, e havia muitas meninas que tinham uma queda pelo pai de Kate, Michael. Eles eram muito equilibrados, uma família normal e feliz, e creio que toda essa estabilidade se reflete em Kate. Ela era muito madura para a sua idade e dificilmente se incomodava com as coisas".

Kate deixou a St. Andrew com onze anos para ir à Downe House, em Newbury, onde passou dois anos aparentemente infelizes. Então, ela foi transferida para a escola exclusiva de Marlborough, em Wiltshire – que custava 26 mil libras ao ano –, e entrou na casa de Elmhurst.

Em fevereiro de 1998, um rumor se espalhou pelos corredores da escola mista um dia antes de uma partida de hóquei. É claro que a excitação era maior entre as meninas. "Ele vai estar aqui – ele realmente vem", gritavam. "E, melhor ainda, ele vai usar short!" Quando "ele" finalmente chegou, as arquibancadas ao redor do campo de hóquei estavam cheias de alunos tentando avistar a chegada do príncipe William.

O jovem príncipe frequentou a escola preparatória de Wetherby, em Notting Hill, Londres, e em seguida a escola Ludgrove, em Wokingham, Berkshire. A partir daí, passou as provas de admissão para a mundialmente conhecida Eton College – uma conquista que trouxe muito orgulho a seu pai, que pensava ser muito melhor que a sua velha escola, a Gordonstoun. E justamente o time de hóquei da Eton foi enfrentar o da Marlborough no campeonato anual entre as escolas.

Os antigos alunos da Marlborough dificilmente se lembram do placar final daquela partida, mas quase todos se lembram do dia em que viram o príncipe William de perto. Porém, ninguém, entre as centenas de alunos que assistiam ao jogo naquele dia chuvoso, sabia que presenciava um dos momentos mais importantes da história real moderna. Misturada às longas fileiras de garotas estava, então com dezesseis anos, Kate Middleton.

Foi a primeira vez que a futura mulher de William viu o homem com quem um dia se casaria.

Um colega de classe lembra até hoje a atmosfera de expectativa que precedeu aquela partida. "Como todos nós, Kate também estava animada. Ela não era uma garota fechada, mas ao mesmo tempo tinha uma cabeça bem mais madura que os outros de sua idade. Muitos estavam histéricos para ver o príncipe William em carne e osso. Todos queriam fazer algum tipo de contato visual, ou, ainda melhor, conversar com ele. Algumas garotas até mesmo colocaram maquiagem e arrumaram o cabelo pensando em impressioná-lo. Mas Kate estava acima disso. Como sempre, ela estava tranquila e foi junto com os outros assistir ao jogo."

"Ela era uma aluna modelo, e vinha de uma família modelo. Seus pais apoiaram muito os três filhos."

Por azar, o dia não foi como o esperado para as meninas do colégio Marlborough. Um colega da escola lembrou: "No fim, todos ficaram encharcados com a chuva, e nenhum de nós conseguiu falar com o príncipe. Olhando para trás, parece incrível que um dia Kate e William iriam acabar juntos".

Ver o segundo herdeiro ao trono de perto contribuiu um pouco mais para a paixão secreta da estudante, que se perpetuou ainda por muito tempo.

Outra colega de classe, Jessica Hay, que chamava Kate de Catherine, disse: "Uma amiga previu que Catherine se apaixonaria por um príncipe, e que um dia seria rainha da Inglaterra. Ela não acreditou, e riu".

Jessica disse que os amigos de Kate sempre a chamavam de "princesa à espera", e insistiam que William seria seu primeiro namorado sério. A jovem Kate ocasionalmente se unia às outras na brincadeira de uivar para a lua na janela quando passavam garotos bonitos. Jessica disse: "Uma noite eu a desafiei a fazê-lo e ela foi lá e fez. Devia ter quatorze anos".

Kate hoje é conhecida por seus cabelos castanhos e sedosos, por seu bom gosto em se vestir e por ser uma pessoa que exala confiança. Mas nem sempre foi assim. Conhecida como "Middi", na época de escola, ela era popular, porém, normal. Brilhava nos esportes e tinha um bom boletim, mas não preenchia ainda os requisitos de uma "princesa à espera".

Outras candidatas mais adequadas estavam se preparando em majestosas casas e aprendendo boas maneiras. Enquanto elas aprendiam como se comportar na alta sociedade, Kate era diferente.

Foi apenas em seu último ano na Marlborough que Kate começou a se transformar na jovem confiante que é agora. Ela alcançou um boletim invejável, com as maiores notas nos exames. Um amigo disse: "Ela foi a uma festa poucas semanas depois dos resultados das provas e era a única garota ali com quem os caras queriam conversar. Ela estava bronzeada, tinha um corpo atlético e pernas bem torneadas – basicamente todos a queriam. Até sua maneira de falar havia mudado. Seu vocabulário estava mais chique, e parecia até que estava deixando para trás suas raízes de classe média."

Enquanto isso, William se formou com boas notas e – assim como Kate e milhares de outros estudantes – tirou um ano para ele mesmo. Mergulhou em outras experiências, incluindo safári na África e trabalho voluntário no Chile, além de trabalhar em uma fazenda na Inglaterra.

Sem dúvida, havia esquecido aquela partida de hóquei contra Marlborough. Embora ele não tivesse visto Kate naquele dia, passaria a vê-la bastante no próximo estágio de sua vida acadêmica.

"Seu vocabulário estava mais chique, e parecia até que estava deixando para trás suas raízes de classe média."

A garota no ônibus

O público passou a gostar mais de Kate depois que foi vista viajando de ônibus. Ela pegou o número 19 de Chelsea até West End para fazer compras, em outubro de 2005. Seis meses depois, ela foi vista novamente, desta vez esperando o número 137 na Sloane Square, após um almoço com sua mãe. Tudo foi registrado pelas câmeras dos *paparazzi* ingleses e publicado nos tabloides.

Um passante disse: "Ela passava despercebida no ponto de ônibus, sem se destacar da multidão". Ela usava óculos escuros e não foi incomodada pelos outros passageiros.

Seus advogados Harbottle & Lewis não estavam felizes com essas fotos e reclamaram que a privacidade de Kate havia sido invadida. Porém, o povo britânico estava encantado com a possível futura rainha, livre de pompa e circunstância, que usava transporte público.

Talvez ela devesse ter tomado ônibus um pouco mais, já que em outubro de 2008 foi flagrada falando no celular enquanto dirigia – mas não chegou a ser processada por isso.

3

A rainha da passarela

A expectativa era grande na Universidade de St. Andrews quando chegaram os novos calouros, no outono de 2001. Para os jovens garotos, isso significava uma nova leva de meninas para paquerar. Mas, para as garotas, era algo mais: o príncipe William, o solteiro mais cobiçado do mundo, estava prestes a chegar.

Isso aconteceu apenas algumas semanas após o atentado às Torres Gêmeas, em Nova York, porém, a entrada de William na faculdade passou a ser um dos temas centrais das conversas. Sua decisão de cursar História da Arte provocou um interesse sem precedente pela mais antiga universidade da Escócia. Houve um aumento nunca antes visto no número de candidatos: 44% a mais que o normal enchiam a sala de admissões da universidade. Muitos eram garotas da alta sociedade em busca de um marido, sonhando em encontrá-lo na realeza britânica. Todas as 130 vagas no curso de quatro anos foram preenchidas apenas horas depois de a notícia de que o príncipe, de certo modo previsivelmente, havia conseguido entrar.

Kate Middleton – pronta para estudar, revigorada de seu ano na Itália e na América do Sul – estava entre esses alunos.

William faltou à semana de calouros, o tradicional trote de abertura da vida universitária, para evitar a superatenção da imprensa. "Seria uma festa para a mídia, e isso não seria justo com os outros estudantes", ele disse. "E imaginei que terminasse na sarjeta, completamente acabado, e que as pessoas que conhecesse não iriam se tornar meus grandes amigos." Ele acrescentou, com um sorriso: "Isso significava também mais uma semana de férias".

Príncipe William, vestido casualmente, foi então deixado de carro – um Vauxhall Omega Estate verde – pelo príncipe Charles na entrada da St. Andrews. Ele foi recepcionado pelo diretor dr. Brian Lang, por quatro mil pessoas que lhe desejavam sorte, além de um grupo de protestantes contra a guerra no Afeganistão. William apertou a mão daqueles que lhe acolhiam e parecia convencido de que toda aquela atenção sobre ele iria rapidamente diminuir. "Vai ficar mais fácil com o passar do tempo", disse. "Todos ficarão entediados com a minha presença aqui, como é normal."

Sua casa para o próximo ano de faculdade seria uma suíte de 2.273 libras anuais na residência estudantil de St. Salvator – conhecida como St. Sally –, com seguranças nos dois quartos ao lado para a sua proteção. Por sorte do destino, Kate estava desfazendo as malas em outro andar, na mesma faculdade.

Mesmo com a esperança de William de que os outros o "deixariam em paz", em poucos dias um problema já havia aparecido.

Os estudantes reclamavam de uma equipe de filmagem que espreitava pelas ruas da antiga cidade. Um acordo entre o Palácio

Summit

e a mídia havia sido feito para garantir a privacidade do príncipe durante seus anos de faculdade. Este, porém, foi rapidamente quebrado, para a frustração do príncipe.

Para espanto de todos – e especialmente de William e Charles –, vazou a notícia de que a equipe de filmagem tinha ligação com a realeza. Havia sido enviada pela Ardent Productions, companhia dirigida pelo príncipe Edward, irmão mais novo de Charles e tio de William. O jovem príncipe ficou, com razão, arrasado com a traição e ligou para seu pai para contá-la. Na época, Charles deixou bastante claro seu sentimento de desagrado em relação ao irmão.

O episódio provocou um desconforto na nova vida de William, que se alastrou por todo seu primeiro ano. Ao mesmo tempo em que tinha total liberdade de respirar livre da mídia do mundo inteiro, ele achava St. Andrews um tanto quanto claustrofóbica. Também perdeu o interesse pelo curso de História da Arte e, como é comum em calouros, pela primeira vez longe de casa, sentia falta de seus amigos e de sua família.

"Um acordo entre o Palácio e a mídia havia sido feito para garantir a privacidade do príncipe durante seus anos de faculdade."

O acordo de privacidade

O relacionamento de William e Kate pôde prosperar na St. Andrews por causa de um acordo entre a residência Clarence House, Lord Wakeham, da Comissão de Controle de Imprensa (PCC), e a mídia.

O jovem príncipe conseguiu completar seus anos de colégio na Eton e, no ano seguinte, viajou, livre das lentes dos fotógrafos. Seu primeiro compromisso oficial com o pai havia sido a festa de aniversário de dez anos da PCC, maneira de demonstrar agradecimento aos editores dos tabloides ingleses. Mas, quando estava na St. Andrews, temeu que sua vida pudesse virar um livro aberto para a mídia.

Esse assunto era particularmente tocante devido às circunstâncias que envolveram a morte de sua mãe. Um motorista bêbado foi considerado culpado pelo acidente, mas William jamais esqueceria que ela estava sendo perseguida por *paparazzi*.

Por isso, um acordo que fosse interessante para os dois lados foi estabelecido. William daria entrevistas programadas em momentos importantes de sua vida – como seu aniversário de 21 anos –, em que fotos podiam ser tiradas. Em troca, os noticiários ficariam longe dos corredores da residência, do campus e da cidade. Dois dias antes da chegada de Will à universidade, a PCC e Andrew Neil – antigo editor da *The Sunday Times* e atual reitor da St. Andrews – fizeram uma reunião com quatrocentos estudantes. Eles foram informados de que seriam protegidos dos olhos da mídia. E depois avisados de que qualquer um que desviasse informação sobre William seria expulso. Jornais e noticiários tiveram a permissão de cobrir a chegada do príncipe à universidade, contanto que se retirassem da cidade antes do anoitecer.

O acordo foi abalado logo no começo: William se atrasou para um almoço com a rainha em Birkhall, na propriedade de Balmoral. Mas a equipe de filmagem do príncipe Edward foi expulsa de maneira humilhante, apenas alguns dias depois.

Essa foi – extraordinariamente – a única falha no acordo com a mídia, considerado um sucesso tempos depois. "Muitos dizem que é impossível ter uma vida normal", diz William. "Mas, com a mídia longe daqui, é incrível como todos se preocupam com suas vidas e param de incomodar."

O ponto alto desse período difícil, porém, foi que William havia feito alguns novos amigos e companheiros. E foi justamente Kate, a bela morena que via nas aulas e nos corredores, que se tornou um fator importante para o seu desenvolvimento.

Passado o embaraço natural do começo, os dois sentiam atração mútua, pois tinham muitos interesses em comum.

Durante um café na residência – ou até mesmo uma bebida em um dos bares locais como Ma Bells ou o The Gin House –, eles conversavam animadamente sobre suas respectivas viagens ao Chile. Os dois também compartilhavam a mesma paixão por esportes – ele jogava rúgbi, polo e polo aquático, e adorava esquiar. A amizade se estreitou em uma quadra de tênis. Mas, nessa época, não passava de uma amizade entre eles, era uma relação platônica.

Kate namorou um estudante de direito mais velho, chamado Rupert Finch, por alguns meses, enquanto William saía com o também calouro e amigo Carley Massy-Birch. Suas intenções quanto a namoradas em potencial na universidade foram declaradas mais de dezoito meses depois, em uma entrevista dada ao completar 21 anos, ao fim de seu segundo ano de faculdade, em junho de 2003.

Ele afirmou não ter uma namorada fixa, mas disse não ser um problema de confiança. "Se eu gostar de uma garota e ela também gostar de mim, o que é raro, eu a chamarei para sair", ele disse. "Mas, ao mesmo tempo, eu não quero colocá-la em uma situação difícil, porque muita gente não entende a obrigação à qual estou atrelado, e a excitação que iria causar se ela fosse minha namorada."

William também expressou seu espanto e sua frustração ao intenso nível de apuração a que estava exposta sua vida amorosa. "Há muita especulação sobre qualquer garota com quem estou, e isso passou a me irritar muito, porque passa a ser um sacrifício para elas", admitiu. "São meninas que acabei de conhecer e já são fotografadas, ou que são minhas amigas e são colocadas sob os refletores, algo que preocupa suas famílias. É injusto com elas, eu já estou acostumado, mas elas não, e eu não gosto disso." E brincou:

"Apenas as loucas me perseguem. Nunca vi ninguém realmente me perseguindo, mas se houver, poderiam, por favor, deixar seu telefone?"

Kate não era louca, nem estava perseguindo William, mas tinha o número de seu celular.

Ela era uma amiga íntima do futuro rei já ao fim do primeiro semestre, e foi sua confidente durante o período difícil que passou na St. Andrews. Ele fazia viagens regulares à propriedade do pai, príncipe Charles, em Gloucestershire, a 1.448 quilômetros da universidade.

Durante o feriado de Natal, William já havia aguentado o que podia, e disse a seu pai que queria largar a faculdade.

Seu desejo de sair representava um desastre em potencial para a imagem da família real, já que certamente seria comparado com o príncipe Edward, que havia deixado a Marinha quinze anos antes. Depois de consultar seus auxiliares, Charles endureceu com o filho, dizendo-lhe que largar o curso não era uma opção.

William retornou em janeiro, sem vontade de demonstrar qualquer tipo de ânimo. Ganhou força em março, durante

“Ele pensou
que assistir à
sua atraente
nova amiga
não chamaria
atenção especial,
e estava certo.”

seu segundo período, quando soube que Kate havia sido chamada para ser modelo em um desfile da faculdade. Comprou um ingresso VIP, de 200 libras, na primeira fila para dar apoio a Kate durante o evento, chamado de Don't Walk e patrocinado por Yves St. Laurent.

Ele pensou que assistir à sua atraente nova amiga não chamaria atenção especial, e estava certo, já que Kate foi a estrela do desfile. Todos os olhares se voltaram para ela enquanto caminhava pela passarela usando um vestido preto de renda sobre um biquíni preto tomara que caia. O figurino ousado realçava a silhueta perfeita de Kate, e William a viu com outros olhos. Apenas quatro anos depois da partida de hóquei de Eton contra Marlborough, houve uma inversão de papéis. Agora, era William quem não conseguia tirar os olhos de Kate.

Ele também a tinha como confidente. Seguindo seus conselhos e de seus orientadores, decidiu mudar seu curso para Geografia, cansado de lutar para que a História da Arte lhe agradasse.

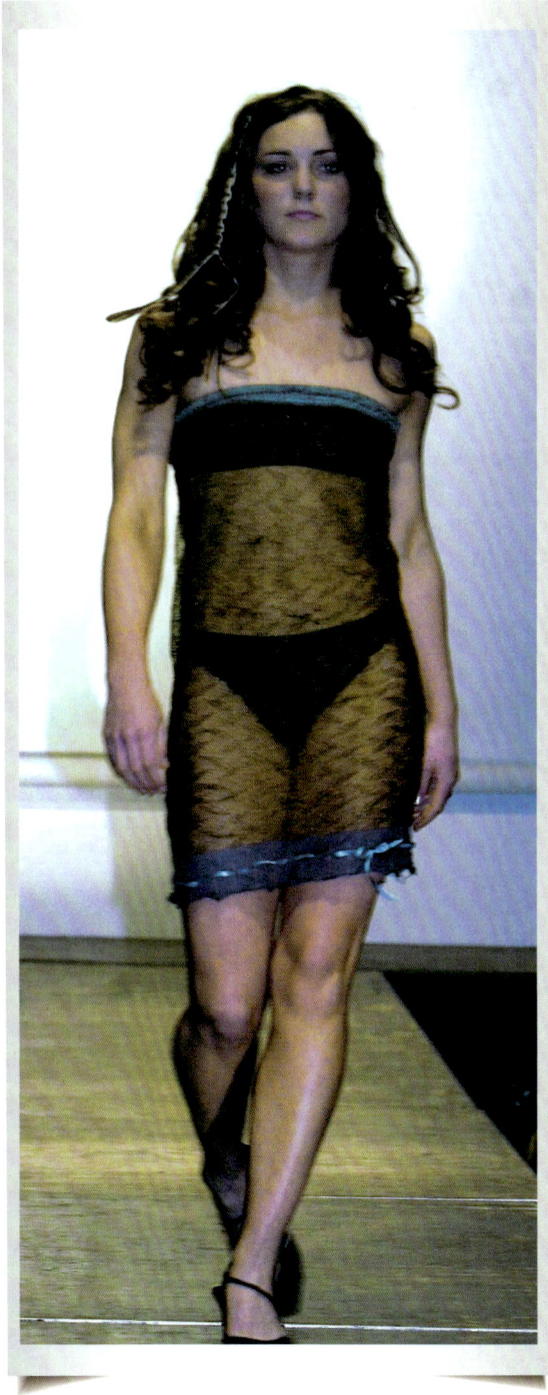

Com os problemas acadêmicos finalmente sendo resolvidos, Will decidiu mergulhar em sua nova fase e começou a procurar um apartamento para alugar durante o segundo ano. Ele iria dividi-lo com seu velho amigo de escola Fergus Boyd e – felizmente – com sua grande amiga Kate Middleton.

SPAR
ONION
RINGS
4035
FREELANDER Td4

4
De companheiros a namorados

William e Kate voltaram à faculdade para começar seu segundo ano mudando com Fergus e uma amiga para uma luxuosa casa estilo eduardiano, que valia 600 mil libras. A propriedade estava situada em uma das ruas mais procuradas do local, onde estudantes ricos davam grandes festas nos jardins.

Durante o verão, Kate passou a perceber a atenção que recebia da mídia. Começou a trabalhar em um bar para quitar algumas dívidas, descobrindo depois que seu chefe conversava com os jornais regularmente. Rory Laing era o diretor da Snatch, uma firma de bufê da alta sociedade, e mais tarde participou do programa *O Aprendiz*, da BBC. Ele contratou Kate para servir em um evento – Henley Royal Regatta – e teceu elogios: "Como empregamos somente ex-alunos de escolas públicas, ela se encaixa perfeitamente no perfil", contou em uma entrevista. "Eu pagava a Kate apenas 5,25 libras por hora, mas, por ser bonita, ela ganhava bastante em gorjetas."

Apesar da educação privilegiada, os amigos estavam felizes de viver como estudantes normais na nova casa. Em seu ano na St. Salvator, William optou por três refeições ao dia no refeitório, e agora dependia de comida comprada fora para se sustentar. Mas acompanhava Kate na ida aos supermercados Safeway ou Tesco, ou à Woolworths para escolher doces. "Eu mesmo compro tudo que necessito", ele disse durante uma entrevista a respeito de sua vida de estudante. "Saio para comprar comida, alugar filmes, ir ao cinema, fazer basicamente qualquer coisa que quero. Já passei horas na fila do Tesco. Só não consegui ainda entender o sistema self-service."

Às vezes, ele cozinhava para Kate e para os outros companheiros, apesar de admitir não ser o melhor *chef* do mundo. Mas a vida de William e Kate na casa de estudantes não era fácil. Lavar a louça passou a ser um problema até que os quatro resolveram juntar recursos e comprar uma máquina de lavar pratos. William conta: "Antes, era um desastre completo. Havia pilhas e pilhas de louça suja na pia. Entrávamos na cozinha e saíamos logo em seguida. Cada dia crescia mais, e ninguém iria lavá-las. Sempre brigávamos por limpeza ou coisas assim. Ainda acontece, mas é melhor agora. Essa é a dinâmica de viver com os outros, às vezes você precisa engolir e ajudar".

Apesar de estar feliz por ter liberdade na St. Andrews, William era visto pedalando até a faculdade com um boné que lhe cobria o rosto, para esconder a sua identidade. A confiança de Kate crescia cada vez mais, até que fundou uma sociedade feminina chamada Lumsden Club. Seu objetivo era alertar os outros sobre questões femininas, além de levantar fundos para caridade, ação que rivalizava com uma controversa sociedade masculina, que já existia havia anos na universidade.

No fim daquele agradável segundo ano de Kate e William, o *The Sun* foi o primeiro jornal a revelar a grande proximidade dos dois. Em maio de 2003, publicou a manchete "A K especial de William" na primeira capa. A reportagem contava como a linguagem

“Kate começou a trabalhar em um bar para quitar algumas dívidas, descobrindo depois que seu chefe conversava com os jornais regularmente.”

corporal do casal os havia entregado durante um jogo universitário do campeonato de rúgbi. William jogou na competição e era aplaudido veementemente por Kate, que já não parecia mais namorar Rupert. William e Kate passavam a maior parte do tempo livre juntos, conversando lado a lado. E pareciam felizes de estar assim, esquecendo-se da possibilidade de repórteres ou de espiões da mídia.

Foi dito: "A linguagem corporal não engana. Eles pareciam muito próximos e íntimos, não tenho dúvida de que estão juntos".

Uma amiga de Kate a descreveu como "muito feliz", e acrescentou, "mas ela é bastante discreta sobre William".

O pai de Kate, Michael Middleton, riu dessa história, insistindo que a filha e o futuro rei eram apenas bons amigos. "As pessoas não parecem perceber que há dois rapazes e duas garotas dividindo um apartamento na universidade", disse. "Eles estão sempre juntos porque são melhores amigos – e sim, obviamente haverá muitas fotos dos dois juntos." De modo irônico, ele acrescentou: "Não há nada acontecendo ali. Estaríamos bastante honrados de sermos sogros do príncipe William, mas não creio que vá acontecer isso".

Ninguém duvidou de sua sinceridade. Mas teria Kate guardado para ela mesma a intensidade de seus sentimentos por William?

A forte amizade entre os dois não apresentava nenhum tipo de dúvida.

William fez uma visita discreta à casa da família Middleton em uma festa de verão para celebrar os 21 anos de Kate – que havia sido meses antes. Ele chegou para a festa temática anos 1920 e saiu logo depois do jantar. Não foi noticiado na época, mas foi um dia importante, dados os eventos que se seguiram.

Naturalmente, Kate fez a lista de convidados para a festa de 21 anos de William, em junho, no final do segundo ano de faculdade juntos. Ela foi à grande festa de tema africano no castelo de Windsor, junto com uma horda de incríveis mulheres consideradas prováveis futuras rainhas. A artilharia incluía a parceira de polo de William, Natalie Hicks-Lobbecke, e a socialite Davina Duckworth-Chad, que já havia feito um cruzeiro com o príncipe.

O ANIVERSÁRIO DE 21 ANOS DE WILL, EM 21 DE JUNHO DE 2003

Kate nunca se esqueceria da noite em que passou junto com a família real no aniversário de William, no castelo de Windsor.

A festa africana foi a oportunidade ideal para que a jovem estudante conhecesse a rainha e o príncipe Philip... em trajes de gala. Vossa Majestade usava uma roupa de rainha da Suazilândia, enquanto o príncipe Charles, um esplendoroso kaftan listrado.

Muitos amigos de William da St. Andrews vinham de famílias privilegiadas, assim como Kate, mas nada comparado ao mundo do príncipe. Integrantes da realeza vestidos com roupas exóticas trocavam gracejos com os da alta sociedade, incluindo os tios de William por parte de mãe, assim como antigas babás. Os salões estavam decorados com enfeites enormes de elefantes, máscaras tribais e peles de animais.

Mas Kate nunca poderia imaginar que a festa seria lembrada por um invasor, que poderia ter dado fim a tudo.

O comediante louco Aaron Barschak passou pela guarda colocada fora do castelo, que havia sido plantada ali pela polícia. William estava sobre o palco, vestia uma fantasia de Tarzan, junto com um DJ e uma banda africana, quando sua festa foi invadida, às 23h20.

Ele havia começado a agradecer o príncipe Charles – vestido como rei africano – e a rainha por terem organizado a festa, quando Barschak apareceu. Com barba falsa, roupas de festa rosa, turbante branco, sapatos vermelhos e óculos escuros, ele agarrou o microfone. Com um sotaque árabe, começou a gritar que se chamava Osama e murmurou algumas outras palavras.

William acenou veementemente aos guardas para que removessem Barschak, que foi levado algemado. Mantendo-se calmo, William se recompôs e disse aos convidados: "Não sabia que meu irmão conseguia imitar um sotaque assim". O príncipe Harry testemunhou a cena ao lado de seu tio, príncipe Andrew, e de suas primas, as princesas Beatrice e Eugenie.

A rainha aparentava estar furiosa por causa do fiasco, e William também parecia nervoso.

Kate não se manifestou. Mas deve ter se perguntado em que mundo estava entrando.

Outra menina cotada era Jessica "Jecca" Craig, filha de um rico queniano, proprietário de um santuário da vida selvagem. William havia estado com Jessica ao se hospedar na reserva de sua família durante o ano de férias.

Ela era uma convidada de honra na festa, mas, apesar dos rumores sobre um suposto noivado entre eles, William negou o romance. O porta-voz da Clarence House chegou a fazer uma declaração oficial de que não havia uma relação entre William e Jecca, e isso serviu apenas para despertar ainda mais o interesse sobre a possível rival de Kate. William brilhava entre as duas garotas, e tentava conter a situação potencialmente explosiva.

Um conhecido "comediante terrorista", Aaron Barschak, passou pela segurança e agarrou o microfone de William para fazer um discurso. O jovem príncipe apenas acenou para um segurança e logo o homem foi expulso, embora não tenha sido acusado de invasão.

Ao começar o terceiro ano na St. Andrews, William, Kate e Fergus se mudaram para uma casa no campo. Apenas os dois protagonistas – e quem sabe, Fergus – sabem o momento preciso em que a amizade se transformou em amor. Mas parece que o "romance do milênio" já estava acontecendo no Natal de 2003.

Em março do ano seguinte, Kate e William viajaram da Escócia para North Yorkshire, para uma região chamada coincidentemente de Middleton Hunt. William apresentou Kate a seus velhos amigos como "minha namorada".

Um mês depois, foi novamente o *The Sun* que se arriscou a manter o público informado da rápida evolução do relacionamento. William e Kate ESTAVAM juntos, e era sério.

Kate foi com William a Highgrove pelo menos três vezes, e eles curtiram alguns finais de semana juntos em um chalé isolado na propriedade da rainha, em Balmoral. O esconderijo proporcionou a paz necessária aos dois, longe do pequeno mundo de St. Andrews. Fergus, jurando manter silêncio, discretamente se mudou para deixar o casal sozinho.

Eles jantavam em um restaurante chamado Doll's House, que pertencia ao marido da apresentadora de TV Carol Smillie.

Uma fonte disse: "É verdade que eles estão namorando e tentam estar juntos o máximo de tempo possível, mas nunca em público".

O príncipe Charles foi apresentado à namorada do filho e parece ter aprovado.

A história estourou quando William e Kate foram esquiar com o príncipe Charles e outros amigos próximos no resort favorito da realeza, o Klosters, na Suíça. Estavam nessa viagem Harry Legge-Bourke, o irmão mais novo da antiga babá não-oficial de Will, bem como Guy Pelly, injustamente acusado de ter causado o vício de Harry por drogas. William van Cutsem, filho do amigo do príncipe Charles, Hugh, e Katie James, a namorada de Van Cutsem, faziam parte do grupo.

A comitiva de imprensa de Will se recusava a confirmar que o casal estava junto, e outros jornais menos informados desacreditavam da exclusividade do *The Sun*. Porta-vozes da Clarence House amenizavam grande parte da história – agiam da mesma forma quando surgiram rumores, um ano antes, sobre o relacionamento com Jessica Craig. Mas reagiram fortemente em relação às fotos publicadas de William e Kate. Baniram o legendário fotógrafo do *The Sun*, Arthur Edwards, de futuros compromissos – mesmo não tendo tirado as fotos em questão.

O jornal respondeu à agressão dizendo que a história era totalmente verdadeira e apontou que havia grande interesse do público pelas fotos. Arthur alegou: "Estou muito desapontado, já que fui proibido de realizar a profissão que amo. Banir o *The Sun* de qualquer evento que envolva William e Harry é uma atitude infantil."

A questão foi a primeira amostra do que Kate teria de enfrentar como namorada de William. Mas ela ainda assim mantinha os pés no chão, sem se deslumbrar com os novos ciclos sociais que agora se apresentavam. Quando uma amiga disse que ela tinha muita sorte de estar com William, ela riu: "Ele é que tem sorte de estar comigo!".

Apesar do pacto de manter a relação em segredo, eles tinham de lutar para esconder as demonstrações de afeto em público. A partir daí, novos levantamentos foram feitos pelos investigadores da família real. William foi visto beijando uma garota de cabelos longos e castanhos na festa de Natal do polo aquático, no ano anterior. Teria sido Kate? Agora parecia muito provável.

Eles são um casal: como o *The Sun* descobriu

Em abril de 2004, o *The Sun* publicou a notícia que balançou o mundo, revelando que Kate e William definitivamente estavam juntos.

O experiente repórter do *The Sun* que cobria a família real lembra-se disso como um dos maiores furos de reportagem de sua carreira. "Descobrir sobre o relacionamento de William e Kate foi um grande furo", disse. "Eu soube por uma fonte que Kate havia sido vista em Highgrove, e isso era um ponto-chave da história. Quando vi as fotos dos dois juntos, tudo fez sentido. Sempre foi uma corrida entre a imprensa para saber quem seria a primeira namorada séria de Will. Eu confiei que a história estava certa por causa da qualidade da informação que tive."

Paul, agora trabalhando como repórter *freelance* nos EUA, recorda-se da reação da equipe de imprensa de William imediatamente depois de sua matéria. Ele declarou: "A Clarence House se irritou com as fotos, mas banir Arthur foi ridículo. Ele não havia nem mesmo tirado as fotos que os desagradou! Depois que se acalmaram, estavam preparados para admitir não oficialmente que a história era verdadeira. Claro que, na época, jamais pensei que os dois se casariam. Eram muito jovens, e a relação ainda era muito recente para esperar esse tipo de coisa. Mas, como ficou provado, ele conheceu a garota certa na hora certa".

SPY

5

Rivais, brigas e o mundo real

Quando Kate pensou ter vencido a competição, William botou tudo a perder. Disse a ela que tinha intenção de viajar para a África nas férias de verão com Jecca, que estava solteira depois de terminar um longo relacionamento. A reação de Kate a essa viagem não está registrada – mas William a cancelou.

"Isso demonstra a seriedade de seu relacionamento com Kate", um dos informantes reais disse. "Ela não fez nenhuma pressão para proibi-lo de ir à África, mas ele é uma pessoa sensata e sabia como isso ia parecer. Passar férias com uma bela garota com a qual já havia se relacionado não era sensato."

William e Kate tiraram férias juntos com meia dúzia de amigos, na idílica ilha de Rodrigues, perto da ilha Maurício. Mas William foi sozinho em uma viagem para velejar com seis outros amigos, na Grécia. Jecca – vestida com seu usual e chique modelo de safári – foi convidada para o casamento de Ed van Cutsem, melhor amigo de William, em que foi padrinho. Houve relatos de uma discussão pública entre William e Kate em seu Golf, fora de um campo de polo no Coworth Park, em Berkshire. Rumores sobre problemas na relação passaram a ser frequentes, quando voltaram a St. Andrews para seu último ano de faculdade juntos. Com a proximidade dos exames

finais, tiraram pequenas férias para desestressar em Balmoral e no resort de esqui Verbier, na Suíça.

Para além de estudar, Kate encontrou tempo para férias familiares com Will em Klosters, pela segunda vez no ano. Essa foi uma viagem marcante. O príncipe Charles, que se preparava para a união com Camilla Parker Bowles na semana seguinte, estava com um humor questionável. Ele forçava um sorriso enquanto posava para fotos com seus filhos – parte do acordo feito com a mídia em troca de tranquilidade no restante do feriado. Mas a tentativa de cordialidade se provou uma farsa, porque ele não percebeu que um microfone ampliava seus comentários cochichados. O mundo inteiro escutou cada palavra que dizia, até mesmo quando virou para seus filhos e se referiu aos repórteres como "essas pessoas infernais".

PEAK

Ainda se referindo ao respeitado correspondente real da BBC, Nicholas Witchell, o príncipe Charles acrescentou: "Não suporto aquele homem. Ele é horrível".

Perguntaram a William como ele e Kate estavam lidando com a atenção da imprensa. Ele dissimulou rapidamente e respondeu: "Não vi nenhuma. Mal posso esperar para estar nas montanhas". Quando questionado se haveria algum outro casamento real, ele simplesmente respondeu: "Não".

A imprensa concordou que o fiasco do príncipe Charles era um assunto melhor. Mas na noite anterior àqueles comentários descuidados, o repórter real do *The Sun*, Duncan Larcombe, havia conseguido uma exclusiva em que William se abria para ele. Quando Duncan perguntou se ele pensava em seguir os passos de seu pai e se casar, ele riu. Então, respondeu: "Olha, eu tenho 22 anos, pelo amor de Deus. Sou muito novo para casar. Não quero pensar nisso até que tenha pelo menos 28, ou quem sabe trinta".

Ao fim da noite, Kate e William estavam bastante animados na pista de dança, tentando tirar a cueca de Guy Pelly, depois que este se despiu. Se o humor de Kate teve alguma relação com o que leu na entrevista sobre o ponto de vista de Will a respeito de casamento, não estava claro. Mas se houve de fato alguma repercussão, esta foi sutilmente abafada, já que os dois estavam bem juntos, com a proximidade da formatura. Para provar que Kate agora fazia parte da Firma – como a realeza se autorrefere –, o príncipe Charles convidou seus pais para um jantar a fim de comemorar a ocasião. Um amigo da família disse: "O príncipe de Gales acha que chegou a hora de as duas famílias se conhecerem melhor".

William abre seu coração... ao *The Sun*

Todo artigo nos jornais sobre o relacionamento de William e Kate sempre cita a mesma frase. "Não quero pensar nisso até que tenha pelo menos 28, ou quem sabe trinta".

A conversa aconteceu em uma entrevista franca com Duncan Larcombe, o repórter real do *The Sun*, na Casa Antica, Klosters, em maio de 2005. Duncan se lembra daquela noite extraordinária como se fosse ontem. Um grande número de jornalistas encerrou o dia de trabalho por causa de uma coletiva de imprensa que aconteceria cedo na manhã seguinte – aquela em que o príncipe Charles descuidadamente insultou Nicholas Witchell. Duncan foi beber com alguns dos amigos de William em Eton.

Ele lembra: "Nós estávamos nos dando bem, e eles me convidaram para ir à Casa Antica. No momento em que entramos, vi alguns dos seguranças de William e Harry. Eu me aproximei e expliquei que não sabia da presença dos príncipes, e me convidei para sair se eles quisessem. Eles estavam bastante relaxados e disseram que os meninos adorariam dar um 'oi'. Eu conhecia Harry de algumas viagens anteriores, e ele me apresentou a William. Foi rápido, mas bastante amigável, e fui me sentar com os seguranças".

O destino – ou Guy Pelly – interveio. Duncan continua: "Guy Pelly apareceu – sempre brincalhão –, saltando sobre o meu colo, usando apenas uma cueca dourada de seda. Um dos seguranças virou para ele e disse: 'Guy, você conhece Duncan? Ele é o repórter real do *The Sun...*'. Em um segundo, ele se levantou e saiu correndo!

William achou que a cena poderia ter soado hilária e veio falar comigo. Agradeceu à imprensa por respeitar sua privacidade na St. Andrews e contou sobre o tempo incrível que havia passado ali. Então, ele me perguntou por que havia tantos fotógrafos cobrindo essa viagem – devia haver cerca de quarenta. Ele parecia genuinamente surpreso quando contei que havia interesse porque Kate poderia ser sua futura esposa. Foi aí que ele disse que não se casaria até 28 ou trinta anos. Fiquei tão estupefato com a notícia que foi fácil lembrar de tudo, palavra por palavra".

A frase foi usada repetidas vezes desde então. Mas o que Duncan pensou que William, de 22 anos, quis dizer com isso? Ele conta: "Pareceu-me uma coisa estranha de se dizer. Nunca pensei que ele chutaria as obrigações do casamento para um futuro distante. Um dos deveres de um herdeiro ao trono é o de produzir crianças para a linha de sucessão. Sempre interpretei a declaração como: 'Eu sei que devo casar jovem, mas não tão jovem.'

Foi a primeira entrevista não oficial com William, e eu acho que ele sabia exatamente o que estava fazendo. Tanto ele quanto o irmão Harry sabem gerenciar a imagem muito bem, sempre que podem".

William e Kate chegaram à cerimônia de formatura como um típico casal. Charles e Camilla pareciam orgulhosos enquanto assistiam à cerimônia na primeira fila do balcão do Younger Hall da universidade. A rainha, que não estava se sentindo bem, e o príncipe Philip sentaram ao lado do filho. Eles estavam felizes de ver o neto ganhar o diploma duplo em Artes e Geografia. William, de gravata e beca, parecia nervoso e mordia os lábios. Foi anunciado no palco como "William Wales", e ele se ajoelhou em frente ao diretor para receber o diploma.

“Adorei meu tempo na St. Andrews e estou muito triste de partir.”

Kate usava uma saia preta curta por baixo da beca e saltos – sentou cinco fileiras na frente do namorado e recebeu o diploma oitenta pessoas à sua frente. Ela foi chamada ao palco como "Catherine Middleton", e sorriu quando voltava ao seu lugar. O príncipe William deu dois beijos na rainha, e ela o parabenizou carinhosamente antes de ir embora.

"Hoje é um dia muito especial", ele disse depois, "e eu estou feliz de poder compartilhá-lo com a minha família, especialmente com a minha avó, que fez um grande esforço para vir, estando gripada." William estava claramente triste por deixar a St. Andrews depois de – embora não parecesse no começo – quatro anos muito felizes. Ele agradeceu à polícia por ter realizado a segurança extra durante a sua longa estada e aos habitantes locais por toda a hospitalidade. Mais de 5 mil deles se aglomeravam nas ruas para se despedir do príncipe – e para dar uma última olhada em Kate.

"Adorei meu tempo na St. Andrews e estou muito triste de partir", disse. "Só quero agradecer a todos aqueles que tornaram a minha estada aqui tão agradável. Vou sentir falta da Escócia – me acostumei com o tempo e com as conversas sobre golfe."

Dr. Brian Lang, o vice-diretor, fez um discurso profético aos formandos que se preparavam para estar no mundo real. Ele disse: "Vocês fizeram amigos para a vida toda. Eu digo isso todos os anos aos graduandos: vocês já podem ter conhecido seu marido ou sua esposa".

Para o príncipe William e Kate Middleton nunca nada foi tão verdadeiro.

6

Soldado, soldado

Nas semanas anteriores à formatura, William tomou novas direções que definiriam seu futuro e teriam importância crucial em sua relação com Kate. Ele se candidatou ao treinamento militar na Royal Military Academy, em Sandhurst, Berkshire. O príncipe Harry parecia progredir nesse curso mundialmente conhecido, depois de ter largado a faculdade.

Apenas quatro meses depois de ter recebido o diploma em geografia, William também foi aceito, após passar pelo comitê de seleção. "Estou absolutamente feliz de ter entrado de primeira", disse, "mas estou ciente, depois de conversar com Harry, de que isso é só o começo. Estou ansioso para me juntar aos outros cadetes em Sandhurst."

Seu pai e seu irmão estavam muito animados por William ter se decidido pela vida militar. Não foi nenhuma surpresa. Como futuro general das Forças Armadas, essa experiência seria vital para ele.

Kate sabia dos planos de seu namorado, mas era de se esperar que tivesse também suas dúvidas. O difícil curso, que começaria em janeiro seguinte, duraria 44 semanas, e isso significaria inevitavelmente longos períodos de separação. Kate sabia que a relação de

Harry com Chelsy Davy, a namorada zimbabuana, havia sido difícil devido às separações causadas pela vida militar. E tivesse ela estudado a história recente da realeza, saberia também que o casamento do tio de William, o príncipe Andrew, com Sarah Ferguson havia sofrido desgastes por causa de seus compromissos com a Marinha.

William queria adquirir experiência em outros tipos de trabalho antes de começar o treinamento em Sandhurst. Isso incluía gerenciamento de terrenos em uma fazenda e investimento financeiro na cidade. Seu último estágio seria um treinamento com a equipe de resgate de montanha da RAF Valley, em Anglesey, ao norte de Gales. Este teria grande importância em sua escolha de carreira, anos depois.

adidas

Mas antes do Exército, da cidade ou das montanhas, William aproveitou a oportunidade de tirar suas últimas férias. Fã de rúgbi, o príncipe pegou um jato até a Nova Zelândia para assistir a uma malfadada partida do British and Irish Lions, convidado pelo treinador sir Clive Woodward. William não levou sorte ao time britânico, que passou por uma partida difícil.

Como uma antevisão do que sua vida futura lhe reservava, assumiu os primeiros compromissos sozinho, e representou a rainha.

Participou de duas cerimônias em homenagem aos soldados da Nova Zelândia que morreram na guerra. Também visitou um hospital infantil em Auckland, onde demonstrou grande facilidade em lidar com crianças doentes, assim como sua mãe. Seu charme equilibrado durante toda a viagem – e também sua simpatia com as crianças – provocou comentários de que William era o futuro da família real.

Acabada a etapa oficial de suas férias, William foi ao Quênia – por um mês, trabalharia na reserva natural de Lewa Downs, de propriedade da família de Jecca. Kate estava tranquila com essa viagem, clara indicação de que tinha muita segurança em seu relacionamento. Ela demonstrou não guardar rancores de Jecca, e encontrou seu namorado durante as férias para dormir debaixo das estrelas em uma cabana Masai. O príncipe, Kate e sete amigos reservaram todos os lugares – cada cabana cobrava diária de 1.500 libras – para comemorar

a formatura. Jecca também dividiu uma cabana com alguns amigos perto dali. Agora, ela namorava o banqueiro Hugh Crossley e mantinha um relacionamento fraternal com William. Enquanto William e Kate observavam rinocerontes, zebras e antílopes correndo livres sob o sol africano, aproveitaram um raro momento de tranquilidade.

Os dois, aparentemente, não pararam para pensar onde aquele relacionamento estava indo, mas na Grã-Bretanha as apostas cresciam. A maioria acreditava que o casamento aconteceria já em 2008.

Essa certeza era baseada em dois eventos. Primeiramente, o fato de o príncipe Charles dar a permissão para que Kate passasse as noites no apartamento do filho em Clarence House. Em segundo lugar, e mais importante, ela havia sido convidada para jantar com a rainha e o príncipe Philip pela primeira vez.

O príncipe Charles e Camilla foram ao jantar, uma noite memorável para uma jovem de cidade pequena. "A rainha e o príncipe Philip gostaram muito de Kate", um informante real explicou. "Eles admiraram a maneira como ela se comportou, enquanto fazia parte da vida de William por todos esses anos. O convite para jantar é uma prova do lugar e do respeito que ela conquistou." Kate demonstrou ser muito importante, pois o jantar aconteceu no castelo de Windsor, a residência favorita da monarca.

Seu posto de namorada do futuro rei foi confirmado por outro William – Ali Williams, da seleção neozelandesa de rúgbi All Black.

O jogador falou com o príncipe sobre Kate no palácio de Buckingham durante uma visita da equipe. Sobre essa conversa, afirmou: "Ele disse que estava indo bem, ficando sério. Parecia muito contente". William e Kate passaram o dia seguinte ao Natal em Sandringham, onde normalmente a família real se junta para as festas. Ficaram em uma casa em Wolferton Marshes – o lugar favorito da realeza para a prática de tiro.

William levou Kate para fora de Klosters alguns dias antes da data marcada para o início do treinamento militar. A expectativa da separação – William seria proibido de ver família e amigos por cinco semanas – trazia ao príncipe bastante ansiedade. Apesar de sempre terem evitado demonstrar seus sentimentos em público, o casal se beijou nas montanhas de Casanna Alp. Foi a primeira demonstração pública de afeto capturada pela mídia, e o *The Sun* estava lá para registrar o momento para seus leitores.

O beijo foi a prova necessária para os que não acreditavam que aquele amor ainda jovem pudesse sobreviver à eminente separação. William se referiu à namorada como "minha adorável Kate" em um discurso durante sua festa surpresa de despedida – outra demonstração pública de seu afeto.

Romântico, o príncipe disse à sua família e a seus amigos que sempre pensaria em Kate.

O primeiro beijo

O fotógrafo do *The Sun* Scott Hornby tirou a primeira foto de William e Kate se beijando.

O evento aconteceu nas montanhas de Casanna Alp, em Klosters, no início de 2006. Scott disse: "Eu estive nas montanhas a maior parte do dia e já havia desistido de encontrá-los. De repente, eles passaram correndo por mim. William e Kate esquiam olimpicamente, então pensei que jamais os alcançaria.

Fui na mesma direção e, logo à frente, eles pararam para olhar a paisagem. Eu quase passei por eles, mas peguei minha câmera na mochila e bati uma foto enquanto corria. Por sorte, eles estavam se beijando. Foi um dia de sorte".

GIPRO
GIPRO
GIPRO

William não saiu do lado de Kate durante o champanhe na Clarence House, uma recepção no restaurante Mayfair, seguida de boate. Ao fim, estava na hora de William começar um novo capítulo em sua vida.

Chegando em Sandhurst, os beijos de Kate e as taças de champanhe se tornaram um sonho distante. Embora ele soubesse que o treino seria difícil, o cadete oficial Wales – como seria conhecido – conseguiu esboçar um sorriso.

Ele brincou dizendo que seu irmão havia ido primeiro como cobaia. William aguentou os estragos que a máquina zero faria em seus cabelos finos. Em uma entrevista dada enquanto ainda estava na St. Andrews, ele disse que não queria um tratamento especial, caso fosse se alistar no Exército. "A última coisa que quero é ser tratado como alguém especial", disse, "porque, se eu for para o Exército, gostaria de ir aonde os homens foram e fazer o mesmo que fizeram. Seria muito humilhante, e eu não poderia viver com isso, ouvir que eu não posso fazer o mesmo trabalho duro que eles fazem."

O comandante da academia, o major general Andrew Richie, assegurou aos repórteres que William não deveria se preocupar com a possibilidade de ter um tratamento diferenciado. "Embora o príncipe William seja o futuro comandante das Forças Armadas, ele será tratado como qualquer outro cadete." Depois de semanas de treinamento, William teria desejado ser tratado de modo diferente. A rotina cruel de dezoito horas começava antes do amanhecer, e terminava em noites sofridas dormindo sem nem sequer uma coberta.

Como parte do programa, William aprendeu liderança e como ser soldado. Em contraste com a vida que levava até então em palácios,

WALES

tinha que polir suas próprias botas e passar suas calças. Assim como os outros 269 cadetes alistados, trouxe sua própria tábua de passar, quando foi deixado por seu pai, o príncipe Charles.

Depois de dias se atrasando para despertar às 5h30 para o serviço, resolveu dormir no chão. Foi uma medida extrema, mas significava que ele estaria sempre pronto para a inspeção, já que não tinha de fazer a cama. Ele colocou uma foto de Kate em seu quarto, junto com uma antiga de seus pais. Romântico às antigas, o príncipe tentava amenizar a dor da separação enviando cartas de amor escritas à mão para Kate.

Ele a chamava carinhosamente de "Babykins", enquanto as cartas dela se referiam a ele como "Big Willie". Em outra demonstração de devoção à namorada, William equipou o apartamento de Kate em Chelsea com o melhor sistema de segurança existente. Havia se enraivecido com um jornal alemão que mostrou fotografias da propriedade e sua localização exata.

Depois de completar o treino básico de cinco semanas, ele e Kate passaram o primeiro final de semana juntos relaxando em um hotel chamado Tunnel House Inn, em Cirencester, Gloucestershire. Agora que já podia sair do quartel, William fazia regularmente o percurso de 45 minutos até a casa da família Middleton. Ele podia relaxar com a família da namorada e ainda ajudava nos afazeres domésticos. Em fevereiro, mostrou orgulhosamente o quartel a Kate, que fez uma visita com o príncipe Charles.

O príncipe de Gales e sua futura nora acompanharam William e outros membros da companhia em um almoço. "Eles pareciam embriagados um com o outro", disse um dos militares presentes no evento.

“William fazia regularmente o percurso de 45 minutos até a casa da família Middleton.”

totetally into the festival
a bet with us supports the sport you love!
totesport

Kate precisava ter vida social durante a ausência de William, apesar de manter ligação com a família real. Ela fez uma aparição surpresa com Charles e Camilla – William não pôde deixar o quartel – na Cheltenham Gold Cup. Kate foi acompanhada por Thomas van Straubenzee, o melhor amigo do namorado.

William passava o dia com roupas camufladas e em fatigantes treinos, que incluíam aprender a atirar com um rifle SA80. O tempo longe de Kate trouxe perspectiva e seriedade à relação. O casal foi fotografado se olhando nos olhos diante de uma boate durante seu mês de férias da Sandhurst. "William passou o máximo de tempo possível com Kate durante seu descanso, e isso já diz muita coisa", alega uma fonte. "Todo aquele tempo treinando no frio e na chuva, sofrendo com o treinamento, fez William perceber o que é importante." Com a aproximação do fim do alistamento, ele foi com seus colegas cadetes para um exercício de dez dias em Chipre – outro período longe de sua namorada.

Quando Kate, contrariando todas as expectativas, apareceu no desfile de dezembro, ficou claro o quanto ela significava para William. Foi sua estreia em um compromisso oficial da realeza, e representava a confirmação de que o casal também era oficial. Observadores notaram que Chelsy não foi convidada para a cerimônia de encerramento de Harry em Sandhurst naquele ano. Kate, que foi junto com os pais, estava deslumbrante em um casaco de inverno vermelho e um chapéu. Foi uma bela visão para os fotógrafos que congelavam naquele dia de inverno. As câmeras dispararam enquanto Kate caminhava contra o vento para sentar-se na plateia.

Kate foi acompanhada por Jamie Lowther-Pinkerton, o antigo oficial da SAS, apontado como secretário particular de William. Momentos depois, Charles e Camilla fizeram o mesmo percurso, seguidos da rainha e do príncipe Philip. Todos pareciam orgulhosos ao ver William – junto a quinhentos outros cadetes – na cerimônia em que se transformaria em oficial do Exército. Um leitor labial contratado por uma estação de TV pôde ver Kate dizer, durante a cerimônia: "Eu adoro o uniforme. É muito, mas muito sexy".

Consultores reais descreveram essa aparição como muito significativa, dizendo: "Todos sabem que os dois têm uma relação séria, mas essa foi a primeira vez em que eles permitiram que fosse pública".

William usava uma faixa vermelha que identificava um prêmio que havia ganhado durante o treinamento. Ele se tornou segundo-tenente Wales quando recebeu sua comissão do Exército, e ganhou o título de Household Cavalry's Blues and Royals.

William e seus companheiros tiveram a honra de ser inspecionados pela rainha. Sua Majestade parou na frente do neto e murmurou algumas palavras que o fizeram sorrir. Mas ela não fez a pergunta que estava na cabeça de todos: "Quando se casará com aquela garota?".

“Sua Majestade
parou na
frente do neto
e murmurou
algumas palavras
que o fizeram
sorrir.”

7

Trabalhar pesado, festejar pesado

Nas raras ocasiões de 2006 em que William não estava treinando, ele e Kate faziam suas atividades preferidas: sair à noite e viajar para outros países. Como qualquer outro casal de jovens recém-formados, eles queriam aproveitar a liberdade de uma vida sem as pressões acadêmicas para se soltar. William, claro, tinha a carga e as responsabilidades da Sandhurst. Mas sempre que surgia uma noite livre de treinamento, ele ia passá-la com Kate.

Londres ainda é a melhor cidade do mundo quando se fala em vida noturna, e ser um príncipe – ou a namorada de um príncipe – significa entrar em todos os melhores lugares. Boates com nomes exóticos como Mahiki, Boujis, Embassy e Whisky Mist se tornaram alvo dos jornalistas. Kate e William iam a esses lugares com um seleto grupo de amigos, bebendo drinques potentes e dançando noite adentro.

Rei dos clubes (& restaurantes)

Se quiser viver como um rei – ou como um futuro rei – comece com um jantar em Chelsea.

William e Kate gostam de comer em uma grande variedade de restaurantes londrinos... que estejam localizados em áreas nobres. Você pode chutar qualquer estabelecimento de código postal SW3 ou SW10, que eles possivelmente são frequentadores. Os favoritos são Bluebird, Tom Aikens, La Famiglia, Gilmour's ou o pub Pig's Ear. Uma vez, optaram por uma alternativa estranha – o Dans Le Noir?, em Clerkenwell, onde se come na mais completa escuridão.

Depois de um restaurante, a próxima parada é tomar drinque no Raffles – próximo da King's Road –, seguido de um gim-tônica no Kitts, na Sloane Square. Então, basta pegar um táxi até Mayfair e ir aos clubes noturnos que fornecem o cenário para muitos momentos ternos entre William e Kate. Avance até o Mahiki, na Dove Street, para beber um drinque de 100 libras, chamado baú do tesouro. E se ainda conseguir ficar em pé, vá ao Whisky Mist, dentro do parque Lane Hilton. Se tiver dinheiro depois disso, alugue um quarto ali mesmo.

O fim do treinamento de Harry em Sandhurst, em abril, foi um dos motivos para uma das noites mais controversas de Will. Ela começou com um baile formal na academia militar, onde havia um bar liberado, que acendeu os ânimos.

William, que havia acabado de entrar em um período de férias do treinamento, ria exageradamente com seus amigos. Houve até reclamações sobre o comportamento do grupo. Harry passou toda a noite perto de Chelsy, que estava deslumbrante com um vestido turquesa de seda. William deixou cedo a boate, mas continuou bebendo no campo militar. No dia seguinte, os príncipes e suas namoradas continuaram festejando no Boujis, deixando uma conta de 2.500 libras em champanhe e drinques. Mais séria, Kate foi a primeira a ir embora antes das 2h, seguida de Harry, quarenta minutos depois. William e Chelsy saíram juntos, com olhos cansados, às 3h30.

William se recuperou a tempo de tomar um jato para o Caribe, a fim de passar as férias de Páscoa, de 30 mil libras, junto com Kate. Era a primeira viagem deles desde que William começou o treinamento. Alguns amigos encontraram os dois em Mustique – passaram horas sob o sol jogando vôlei e frisbee. John e Belle Robinson – donos de uma loja de roupas chamada Jigsaw – emprestaram a propriedade Villa Hibiscus, casa de veraneio que custava 8 mil libras ao dia. A casa de cinco quartos era própria de um rei. Tinha uma piscina com incrível vista para as areias brancas da praia.

Kate esbanjou sua boa forma em um biquíni turquesa enquanto se banhava ao sol de 30°C durante um cruzeiro em um luxuoso barco a motor. William vestia um short vermelho e mostrava o físico invejável que o treinamento do Exército lhe havia dado. Fez uma imitação de Tarzan pendurando-se em um cabo da embarcação. As noites eram passadas no Basil's Bar – o favorito da princesa Margaret, a tia-avó de William –, onde o príncipe e seus amigos cantavam clássicos de Elvis no karaokê. O feriado acabou rapidamente, e o casal teve de voltar para o casamento da filha de Camilla, Laura Parker Bowles, com Harry Lopes, em Wiltshire.

Mas a chegada das férias de verão trouxe uma nova chance de escapar do dia a dia, e dessa vez William e Kate viajaram para Ibiza, um destino não usual para a realeza. Eles ficaram com o tio de Kate, Gary Goldsmith – o irmão de Carole – em uma vila de 5 milhões de libras. Tio Gary e sua propriedade de muros brancos, chamada La Maison de Bang Bang, seria sede de um importante episódio. Eles fizeram um passeio de barco por todo o balneário e tomaram um banho de lama.

Depois da viagem, eles se abraçaram no Boujis, antes que William voltasse a Sandhurst. Essa foi a noite em que foram fotografados se entreolhando no banco de trás da Range Rover de William, quando voltavam às 3h30 do bar. As festas e as viagens eram boa compensação para todo o tempo que passavam separados.

Enquanto o relacionamento parecia não ser afetado pelas dificuldades da vida militar, Kate encarava outro tipo de questionamento. Alguns observadores não amigáveis da mídia exigiam saber o que ela planejava fazer com a sua vida.

Mais de um ano se passou desde sua formatura, e ela não parecia ter emprego. Havia falsos rumores de que iria lançar uma linha de roupas infantis. Mas, em novembro, tudo mudou, pois ela foi contratada pela Jigsaw – cujos donos, os Robinsons, haviam emprestado a vila em Mustique.

Ela trabalharia durante quatro dias da semana em uma empresa de moda em Kew, Londres. Kate logo se acostumou com o novo desafio e provou que não queria nenhum tipo de tratamento especial – servia chá durante as sessões de fotografia. "Ela não é nem um pouco metida", disse um dos empregados.

"Ela estava determinada a se mostrar útil durante as sessões – e isso incluía servir chá." Ele acrescenta: "Alguns dos empregados acharam um pouco estranho serem servidos pela provável futura rainha. Mas isso demonstra que William encontrou uma boa garota, é um cara sortudo".

“Mais de um ano se passou desde sua formatura, e ela não parecia ter emprego.”

Tudo parecia bem. Kate estava trabalhando, William estava prestes a acabar Sandhurst, e o relacionamento prosperava. A loja Woolworths, apostando que a união estava próxima, começou a vender artigos de casamento. (Dois anos depois, entraria em falência com a recessão, e William e Kate a salvariam.) Kate era adorada na Jigsaw, e seus novos amigos viram os artigos cafonas vendidos na loja – um deles comprou uma caneca de Natal que trazia uma foto dela e William juntos. Todos riram furiosamente, menos a vítima principal da brincadeira.

Dias antes do Natal, Kate mostrou que a ousadia apresentada no desfile da St. Andrews ainda existia, e acabou usando meias arrastão sob um vestido preto para ir com William e Harry no Embassy Club, em Mayfair.

200?
CELEBRATING THE ROYAL MARRIAGE
OF
William & Kate
MONTH DATE 200?

Kate passou o Natal com a sua família em uma mansão escocesa, diferentemente dos rumores que davam conta de que havia sido convidada pela rainha para ir a Sandringham.

Com a chegada do Ano-Novo, a especulação de que o príncipe estava prestes a pedi-la em casamento alcançou altos níveis. Kate atraía a atenção de hordas de *paparazzi*. A polícia foi chamada pela segurança pessoal de William para protegê-la, quando deixava a Boujis às 3h. O medo era de que a situação sairia de controle se não houvesse reforço.

Kate encarava os mesmos flashes quando saía todos os dias para trabalhar de carro. Quatro policiais ficavam de vigia em sua casa. William estava muito incomodado com o assédio. Para piorar, um novo laudo havia saído sobre a morte de sua mãe.

As coisas vieram à tona na semana em que William se reportou ao dever em um novo regimento, The Blues and Royals, no quartel de Combermere, em Windsor, Berkshire.

Um grupo de cinquenta fotógrafos esperava o momento em que Kate sairia de seu apartamento no dia 9 de janeiro, seu 25º aniversário. Kate tentou não reagir ao assédio, mas estava claramente incomodada. O *The Sun* avisou que não publicaria as fotos.

O único ponto positivo foi que o vestido de quarenta libras que ela usava esgotou em menos de uma semana.

Muitos estavam convencidos de que o próximo vestido que usaria seria um branco. A linguagem corporal do casal no restaurante

Alpine em suas primeiras férias de 2007 demonstrava que sim. William a segurou nos braços, a abraçou por mais de um minuto e depois a beijou carinhosamente. Um cliente que viu a demonstração de afeto contou: "Eles estavam muito felizes. É claro que há uma química especial. Deviam ter ao menos setenta pessoas no restaurante, e o príncipe William parecia feliz em demonstrar seu amor na frente de todos. Durante o almoço, Kate olhava amorosamente para William, e tinha um sorriso constante no rosto".

Tudo apontava para uma união mais séria, até que o impensável aconteceu.

8

Terminando... e voltando

Os editores de moda concordam que Cheltenham 2007 não foi o melhor momento de William e Kate. Eles chegaram à popular corrida de cavalos usando terninhos combinados. Seus trajes, como foi dito, estavam mais apropriados para Charles e Camilla. Eles pareciam desconfortáveis – uma imagem distante do jovem casal que havia se beijado nas montanhas semanas antes. William estava prestes a ir para Bovington Camp, onde aprenderia a comandar tanques de guerra.

De repente, problemas começaram a surgir no relacionamento.

William passou a noite dançando com Lisa Agar, loira, dezenove anos, no clube noturno Elements, em Bournemouth. Ele virava canecas de Stella Artois e *shots* de Sambuca com companheiros oficiais de cavalaria, em sua primeira noite de folga do curso. Lisa voltou com eles ao escritório dos oficiais, ficou até 4h15, e depois alegou que o futuro rei estava muito bêbado.

"Ele era carinhoso e sensível", disse. "E, definitivamente, nada tímido." Então, com palavras que devem ter machucado Kate como facadas, Lisa continuou:

"Nem uma vez ele falou sobre Kate. Era como se ela não existisse. Eu passei quase o tempo todo no clube com ele – bebemos, dançamos e depois fomos para sua casa".

Lisa admitiu que não havia acontecido nada entre ela e o príncipe.

Os ajudantes da Clarence House encobriram o incidente rapidamente. Mas o *The Sun* publicou fotos de William com a mão no peito da estudante brasileira, de dezoito anos, Ana Ferreira. Ao confessar que também estava bêbada, disse: "Eu senti alguma coisa tocar meu peito. Não pensei que era o futuro rei – mas, agora, vendo a foto, não é de se admirar que ele tenha um grande sorriso no rosto! Ele tem grandes mãos masculinas e sabe o que fazer com elas". Todos imaginaram que William teria grandes explicações a dar na próxima vez que visse Kate.

Apesar das indiscrições, ninguém adivinhou o que aconteceria. O mundo ficou boquiaberto com a manchete do *The Sun* de 14 de abril de 2007: "Wills e Kate se separam".

A separação foi amigável, mas o relacionamento havia sofrido desgaste desde que William entrou em Sandhurst. Ao colocar a carreira militar acima de tudo, William deixou sua relação com Kate sob uma pressão intolerável. Ele preferia sair para beber com seus colegas de Exército do que dirigir de Bovington a Chelsea ou Bucklebury para ver a sua namorada.

"William não estava dando muita atenção a Kate", disse um amigo próximo do casal. "Ela está presa em Londres, enquanto ele está vivendo em um quartel em Dorset. Kate sentia-se imensamente frustrada com o romance, que parecia regredir. Durante a universidade, eles viviam juntos. Agora, quase três anos depois, tinham sorte quando se viam uma vez por semana. Quando William conseguia uma noite livre, preferia beber com seus novos amigos do Exército."

Terminando o término

O fim do namoro de William e Kate em abril de 2007 foi parte de outra notícia exclusiva trazida por Duncan Larcombe, do *The Sun*.

Ele diz: "Foi totalmente inesperado, pois eles pareciam bem apaixonados. William saía sempre com outros oficiais para clubes perto do quartel em Bovington em vez de passar o tempo com Kate. Eu acho que Kate é o tipo de garota que demonstra total lealdade e espera ser tratada da mesma maneira. Já devia haver outros problemas na relação, e ver William estampado nos jornais com outras mulheres foi a gota d'água. Ela o avisou de que queria ser tratada como merecia, ou então que deveriam terminar".

O jornal sabia que tinha um grande furo de reportagem nas mãos. Por isso, em vez de publicá-lo de primeira, usou uma estratégia de imprimir outra capa nas primeiras duas edições, impedindo os rivais de detectarem a história.

Duncan, o editor de defesa do *The Sun*, disse: "Ninguém mais conseguiu descobrir o que estava acontecendo, e isso foi fantástico. Obviamente, não posso revelar quem me deu a história, mas posso dizer que tinha mais ligação com Kate do que com William. Eu acho que ela sentiu que não estava sendo tratada como devia, e por isso quis mostrar seu lado. A única coisa de que me lembro foi que depois da publicação das fotos todos estavam em choque.

Conversei com alguém próximo de William, cerca de duas semanas depois, que disse: 'Aqueles dois, hein? Quem iria imaginar?'. Acho que, a longo prazo, fez com que o relacionamento ficasse mais forte. Depois que os dois voltaram, William jamais se arriscaria novamente a sair com outras mulheres, mesmo que inocentemente. Depois de reatarem, não houve mais nenhuma dúvida de que se casariam".

SUN EXCLUSIVE

WILLS' OLD RIVAL DATES KATE

Out . . . Henry and Kate this week

By CLODAGH HARTLEY

PRINCE William's ex Kate Middleton has a new date — one of his former love rivals.

Shipping heir Henry Ropner, 25, used to go out with Jecca Craig — and when they split in 2003, Wills stepped in.

Now Kate, 25 — whose relationship with the prince ended in April — has been "enjoying Henry's company" on regular nights out in London.

Full Story – Page Four

Kate parecia muito chateada porque Guy Pelly e Thomas van Straubanzee, amigos de William, haviam sido convidados para as próximas férias na estação de esqui. Corriam boatos de que a mãe de Kate não seria suficientemente fina para o palácio – coisa que sempre foi negada por fontes de Clarence House. Outros falavam que os amigos de William sussurravam coisas maldosas sempre que Kate se aproximava.

Fontes reais dizem que nem William nem Kate haviam pronunciado o fim. Na noite anterior à notícia, William foi com amigos ao Mahiki. Sugeriu aos outros que bebessem todos os drinques do cardápio, e foi visto com seu usual baú do tesouro, de cem libras. Logo estava na pista de dança cantando a música dos Rolling Stones "You can't always get what you want".

Kate se recusou a se esconder. Colocou uma bela roupa e saiu para se divertir como nunca. Mostrou sua bela forma em um vestido anos 1970 e botas, e foi ao Mahiki com amigos.

Ela foi vista rindo e bebendo champanhe com James Meade, amigo de William, na área VIP na Badminton Horse Trials, em Gloucestershire. Socialites como Tara Palmer-Tomkinson passaram por ela durante um lançamento da Asprey Jewellers, em Londres. Duas semanas depois da separação se tornar pública, Kate dançou, na mesma noite, no Mahiki e no Boujis com um trio de amigos do círculo de William. Havia vários solteiros interessantes, como Jamie Murray Wells e Charlie Morshead. O herdeiro Henry Ropner tinha uma namorada, mas havia, no passado, estado com Jecca. Kate voou

“Um amigo do casal disse: ‘William convidou Kate para ir à Clarence House a fim de tentar corrigir as coisas... Ele deixou claro que ainda não a havia esquecido.’”

para Ibiza em um feriado com sua amiga Emilia D'Erlanger – também relacionada com Wills – e outros amigos, como seu irmão James.

Então, do mesmo modo súbito que havia acabado, o romance de contos de fada parecia recomeçar.

Em junho, Kate apareceu com William em uma festa de gala do Exército, cujo tema era Moulin Rouge, em Bouvington. Todos ficaram surpresos quando viram o casal – que não estava fantasiado – se beijando na pista de dança. Momentos depois, os dois fugiram para as dependências de William. Foi o momento em que William se desculparia com Kate e pediria que ela o aceitasse de volta.

Um amigo do casal disse: "William convidou Kate para ir à Clarence House a fim de tentar corrigir as coisas. Eles beberam um drinque e depois conversaram sobre o término do namoro. Ele deixou claro que ainda não a havia esquecido. Kate estava no controle da situação".

Ela aceitou seu convite para um concerto em homenagem a Diana no estádio de Wembley. Na noite anterior ao show, Kate estacionou

seu Audi A3 perto de Clarence House e entrou discretamente, pouco depois da meia-noite.

Um funcionário foi mandado algumas horas depois para trazer o carro para dentro da residência real. No concerto, ela sentou na fileira atrás de William e dançou ao som de Lily Allen, Take That e Kanye West. Depois do show, bebeu e dançou com o namorado. Eles se beijaram e mostraram que haviam reatado.

Pouco tempo depois, William demonstrou que a sua relação com Kate estava completamente restaurada – levou-a ao aniversário de sessenta anos de Camilla, no Highgrove. Kate usou um vestido longo creme e dançou com William ao som de "It had to be you", de Frank Sinatra.

Kate teve de desistir de uma iniciativa de caridade em que cruzaria o Canal da Mancha em um barco com dezesseis outras garotas. Isso foi interpretado como um sinal de que estava sendo aconselhada a evitar a atenção dos *paparazzi* pelos consultores da Clarence House.

SCION SISTERHOOD

Então, as férias chegaram novamente. Kate e William viajaram para a ilha isolada de Desroches, em Seychelles, para selar a união. Mostraram seu senso de humor ao se registrarem no resort como Martin e Rose Middleton. Fazia parte de uma brincadeira que William havia aprendido com o príncipe Charles, que se referia a ele e a Camilla como Fred e Gladys.

De volta a Londres, foram vistos juntos pela primeira vez desde a separação saindo do Boujis – onde mais? Se havia alguma dúvida sobre a relação, somente restaram os apostadores, que não mais acreditavam que William e Kate oficializariam a união.

9

O jogo da espera

Depois do período em que se separaram e reataram, William e Kate estavam novamente em equilíbrio. Eles viajaram a Balmoral para visitar Charles e Camilla, e lá Kate gerou controvérsia ao se vestir com roupas camufladas para caçadas. Ela mostrava dedicação ao namorado quando recolhia as aves que ele acertava durante a caçada no parque de Windsor. Próximo do Natal, o casal surpreendeu os patinadores de Somerset House, em Londres, ao deslizar sobre o rinque a céu aberto. Os meses seguintes seriam dedicados a decisões de carreira, que definiriam também o futuro da relação.

William conquistou uma nova posição no Exército quando passou no curso de comandante de tanques de guerra. Ele embarcaria em novo treinamento, para que pudesse vivenciar um pouco a Força Aérea e Naval. No início de 2008, começou um período de quatro meses na RAF Cranwell, em Lincolnshire.

Kate aplaudiu orgulhosamente quando William recebeu suas asas provisórias do príncipe Charles, no Cranwell, ao final das doze semanas de curso. Ela estava radiante em um casaco cor de creme e botas pretas, no segundo compromisso oficial como namorada de William. O oficial William Wales – como era conhecido na RAF – foi aplaudido por Camilla e por sua tia Lady Sarah McCorquodale, irmã de Diana. Kate parecia bastante segura de sua posição e se portava com naturalidade entre a realeza.

William havia alcançado excelência em seu treinamento como piloto de aviões e helicópteros de guerra. O comandante Andy Lovell, que participou do treino do jovem príncipe, ficou impressionado com a facilidade de aprendizado de William. "Ele tem muito talento para pilotar", disse. William gostou tanto de voar que comprou cinco aeronaves especiais no valor de 86 mil libras. Não pôde resistir a fazer uma demonstração de suas novas habilidades, e pousou uma RAF Chinook em um campo próximo à casa da família de Kate.

Ele voou a uma ilha para ver o primo Peter Phillips, depois a um casamento em Hexham, Northumberland, e a suas residências reais em Highgrove e em Sandringham. Os instrutores de William disseram que ele estaria usando as propriedades para treinamentos de voo, mas o chefe das Forças Aéreas, furioso, deu um basta nas excursões.

Enquanto William esperava que a situação se acalmasse, Kate encarava outro problema. Semanas antes que William começasse o treino, ela se demitiu da Jigsaw, depois de somente um ano trabalhando. A decisão provocou nova atmosfera de especulação sobre o noivado. E atraiu uma onda de críticas a Kate. A moça teve de encarar acusações de que não gostava de trabalhar e que

estava esperando apenas William colocar um anel em seu dedo. Comentários infames declaravam que Kate, dentro de seu círculo social, estava sendo chamada de Waity Katy, ou Kate à espera. Aqueles próximos a William desmentiram o apelido, e disseram ser pura invenção da mídia.

Kate começou a trabalhar no negócio da família, e novamente seus inimigos a criticaram por ter achado uma saída fácil. Fontes de Clarence House defenderam suas escolhas de carreira. "Kate era adorada na Jigsaw e trabalhava muito", disse um informante próximo a William. "Fotógrafos sempre à espera do lado de fora

de seu apartamento tornaram impossível dar continuidade à carreira em Londres. Não era somente em Jigsaw, mas qualquer trabalho na capital seria impossível. Sua atuação na Party Pieces não era desculpa para não trabalhar, como dizem. Kate está envolvida no marketing dos produtos da empresa, além de gerenciar uma equipe. Trabalha pesado por longas horas, como é de se esperar em um negócio de sucesso como esse."

Kate aguentou as críticas com a cabeça erguida. Representou William no casamento de Peter Phillips enquanto o príncipe voou ao Quênia para comparecer ao casamento de Melissa Duveen com Batian, irmão da ex-namorada Jecca Craig.

O casamento de Peter foi um tanto controverso, já que ele e sua noiva decidiram fechar um acordo de 500 mil libras com a revista *Hello!*. Mas Kate e Chelsy, que também estava presente, mantiveram-se longe da mira da mídia, deixando as atenções para a noiva. Kate passava mais tempo com os amigos em reuniões sociais, como a festa de noventa anos de Nelson Mandela no Hyde Park e os jogos de tênis em Wimbledon. Apesar de ser alvo de críticas da mídia, Kate conseguiu manter o bom humor.

Ela teve de abafar os risos quando William recebia a Ordem da Liga. Não resistiu em dizer "Ai meu Deus!" quando viu o namorado com o vestuário completo, incluindo chapéu com pena de pavão.

“Kate começou a trabalhar no negócio da família, e novamente seus inimigos a criticaram por ter achado uma saída fácil.”

CLOSED
OPEN
HELICOPTER

No verão de 2008, William foi à Marinha para um período de dois meses. Ele serviu por cinco semanas na fragata HMS Iron Duke, para combater o tráfico de cocaína caribenho, e foi reconhecido por sua participação na apreensão de 40 milhões de libras em drogas em alto-mar. O príncipe ajudou em uma perseguição a uma embarcação suspeita no nordeste de Barbados. Mais uma vez, William e Kate apenas conseguiam manter contato por cartas, mas, pelo menos, estavam acostumados com a distância. No final de julho, Kate foi até Mustique para um encontro romântico com William, que havia deixado o navio. Demonstrando estar ciente da opinião negativa do público, recusou ser colocada na primeira classe em seu retorno.

Caso ainda não estivesse acostumada com a turbulenta vida de namorada real, a venda de fotos roubadas de William serviria para lembrá-la de sua posição.

Fotos privadas do casal em Mustique, tiradas de uma câmera roubada que pertencia à irmã de Kate, Pippa, foram oferecidas ao The Sun *por 50 mil libras.*

Entre as quarenta fotos, havia imagens de Kate fazendo ioga de biquíni e de William relaxando com a namorada e seus familiares. Nós alertamos a polícia. Charlie Ewins e o eletricista Leon Sesay admitiram ter roubado o cartão de memória da câmera. Foram sentenciados

WILLIAM WALES

a cem horas de serviços comunitários depois de oferecerem ao *The Sun* a compra do material. Eles se aproximaram do jornal e, por isso, acabaram sendo notificados à polícia – o cartão pôde ser devolvido e suas imagens foram preservadas. Tivessem ido a alguma agência de notícias estrangeira, as coisas teriam acabado de maneira diferente. Anos antes, talvez eles fossem enviados à Torre de Londres, mas naquele tempo não existiam cartões de memória para serem roubados.

William ficou furioso com o episódio, mas tinha outras coisas mais importantes com que se preocupar. Havia acabado de tomar uma decisão de peso para o seu futuro, uma que ninguém esperava.

“William havia acabado de tomar uma decisão de peso para o seu futuro, uma que ninguém esperava.”

10

O príncipe piloto

Era esperado que William deixasse a carreira militar depois de terminar seu período na Marinha. Ele se tornaria chefe das Forças Armadas, tendo experimentado os três serviços militares. Tudo indicava que estava se preparando para se encarregar integralmente dos deveres reais.

Era considerado quase certo que logo viria o anúncio do casamento.

Mas até mesmo os amigos mais próximos de William o consideram teimoso. Ele não tinha intenção de fazer nada que ainda não estivesse preparado, fossem deveres reais, fosse casamento. Em setembro de 2008 foi anunciado que o segundo sucessor ao trono preferia se tornar um piloto de busca e resgate do Exército. "O tempo que passei nas Forças Aéreas me fez perceber o quanto gosto de voar", ele disse. "Servir na equipe de busca e resgate é a oportunidade perfeita para que eu possa ser útil nas Forças."

O treinamento e os três anos de serviço significariam que William teria um compromisso até o verão de 2013. Mas ele havia conversado com Kate, então foi uma ótima decisão. O príncipe teria a oportunidade de realizar um trabalho importante sem estar na zona de guerra. O príncipe Harry já havia passado dez semanas trabalhando

como controlador aéreo em uma província do Afeganistão, no final de 2007.

William estava com inveja do heroísmo de Harry, embora soubesse que jamais poderia fazer o mesmo. "Eu adoraria fazer o que Harry fez no Afeganistão", contou. "É para isso que treinamos, para estar lá na linha de frente. Estou com um pouco de inveja dele. Espero que chegue a minha hora também." Busca e resgate ofereciam a quantidade de risco aceitável para quem tinha um papel tão importante no futuro. Apesar de poder ser mandada ao Afeganistão, a equipe da qual fazia parte tinha como trabalho principal salvar escaladores e tripulantes de navios de pesca.

Mesmo sabendo que encararia mais tempo longe de William, Kate estava feliz de ser um elemento importante em sua vida. Isso ficou provado quando ela e Chelsy foram convidadas para a recepção dos sessenta anos do príncipe Charles, no palácio de Buckingham. Grandes estrelas do mundo do entretenimento, como Stephen Fry, Joanna Lumley e Rowan Atkinson, iluminavam a festa de Clarence House. Mas Kate já não estava mais impressionada com as celebridades ou com a realeza, e dançou com William enquanto o músico Rod Stewart tocava alguns de seus clássicos.

SIXTY (R) SQN
115 115
WILLIAM WALES
HARRY WALES
NG SCHOOL

Ela também se dedicava à caridade, e acabou organizando um baile-discoteca. Para esse evento, usou uma camisa azul-turquesa, calças amarelas e meias três-quartos rosa pink.

Kate e a amiga Holly Branson – filha do magnata Sir Richard – tiveram a ideia da festa por causa de um amigo de escola de Kate, Thomas Waley-Cohen, que havia morrido de câncer ósseo aos vinte anos, em 2004. A homenagem tinha o objetivo de arrecadar 100 mil libras para uma ala cirúrgica no Hospital Infantil de Oxford.

William e seu apetite pela aventura partiram em viagem para a África com o irmão, para fazerem trekking de motocicleta. A viagem de oito dias cruzava a África do Sul e passava por altas temperaturas.

De volta à Grã-Bretanha, Kate e William passaram o seu sexto Natal juntos, e celebraram na propriedade de Sandringham, caçando com Harry. William havia deixado a barba crescer durante o treino de dez dias no serviço especial.

“Mesmo sabendo que encararia mais tempo longe de William, Kate estava feliz de ser um elemento importante em sua vida.”

Ele ficou em Sandringham para as festas, enquanto Kate celebrava com a família em Mustique. Eles passaram o Ano-Novo na propriedade da rainha em Balmoral com o príncipe Charles e Camilla. Romântico, William surpreendeu Kate com um jantar a luz de velas em uma cabana isolada, com toalha de linho e talheres de prata. O casal voltou a Londres – William já havia cortado a barba – para passar o aniversário de Kate juntos.

O treinamento de voo de William começou na RAF Shawbury, em Shropshire.

Ele alugou um chalé próximo dali para que Kate tivesse a oportunidade de visitá-lo regularmente. Não era um lugar romântico, já que o príncipe Harry, que fazia um treinamento na mesma base, também havia se mudado para lá.

Logo depois de o treino começar, William encontrou Kate e sua família para esquiar em Courchevel. Ciente da recessão global que ameaçava seus futuros súditos, ele voltou de classe econômica.

Quando foi visto com Kate em uma partida de polo – apesar de ela sofrer de alergia a cavalos –, já haviam passado cinco meses sem que fossem vistos juntos. O casal aproveitou um final de semana em Cornwall e se registrou no hotel como sr. e sra. Smith. Harry, e seus amigos se juntaram a eles para relaxar e jogar tênis – acabaram fazendo um grande churrasco na praia. Kate tirou outras férias em Mustique, mas acabou mexendo em um passado que causou bastante dor de cabeça.

Seu tio Gary Goldsmith, com quem ela e William haviam se hospedado em Ibiza em 2006, começou a dizer aos jornalistas que ele havia recepcionado William dizendo: "Oi, seu f****o!"

Ele alegava ter xingado o futuro rei porque William havia quebrado uma pirâmide de vidro ornamental enquanto jogava bola em sua vila La Maison de Bang Bang.

Goldsmith, a ovelha negra da família Middleton, fez fortuna recentemente e, segundo rumores, teria uma tatuagem com a inscrição "Nouveau Riche" nos ombros.

O tio de Kate, Gary Goldsmith, contou aos jornais que William fez uma piada de mau gosto sobre os seios de Kate durante um jantar familiar. Algo que gerou uma manchete embaraçosa. Mas ele parece gostar de William. "Ele é um cara muito simpático." E brincou que levaria Kate ao altar no casamento dos dois.

A história não abalou o amor de William por Kate – eles foram fotografados se beijando em um pub, um dia depois de publicada. E quando chegaram ao casamento de Alice Hadden-Paton com Nicholas van Cutsem, amigo de William, o noivo gritou: "Você será o próximo!".

Depois de passar um mês em treinamento na RAF Valley, Anglesey, e aprimorar sua maneira de pilotar, William e Kate foram para um de seus destinos preferidos – Mustique. Na volta, Kate foi anfitriã de uma mesa em uma festa na Saatchi Gallery, em Londres, para a Starlight Children's Foundation, instituição de caridade que conta com o seu apoio.

Ela foi reconhecida por seu trabalho, e essa deverá ser uma prática sempre presente no papel que desempenhará no futuro. William também fez caridade quando, junto com o irmão Harry, apoiou o Second Military Awards, do *The Sun*, em dezembro. Os jovens príncipes foram as estrelas do prêmio, misturando-se com outros participantes da festa da mesma maneira que interagem com grandes personalidades.

William também mostrou grande dedicação por outra organização, a Centrepoint, da qual é patrono, que ajuda os sem-teto. No final de 2009, a rainha fez um pronunciamento no qual avisava aos *paparazzi* que a vida privada da realeza não deveria ser invadida. As palavras foram entendidas como pista do noivado que viria a seguir.

SIXTY (R) SQN
115
115
WILLIAM WALES

11

Esperar para ver

William passou o começo de 2010 em seu *tour* oficial pela Austrália e pela Nova Zelândia. A viagem foi considerada um sucesso, e um enorme público demonstrava seu apoio em cada compromisso do príncipe. Em Wellington, milhares o esperavam para que inaugurasse o edifício da Suprema Corte como representante da rainha. Até em Sydney e em Melbourne – cidades conhecidas por seus simpatizantes republicanos –, a audiência foi imensa. Como Kate ainda não tinha um anel no dedo, não pôde acompanhá-lo na viagem.

Cada vez que William tinha contato com o público, a mesma pergunta se destacava: "William, quando você se casará com Kate?", alguém perguntava, como se fosse a primeira vez que surgisse a questão.

Apesar do calor do hemisfério Sul e da agenda apertada, William aguentava o inquérito com uma expressão de tranquilidade. Todas as vezes repetia a mesma coisa: "Esperem para ver. Apenas esperem". Ele também demonstrou bastante calma em uma viagem ao Eden Park Stadium, em Auckland, quando um garoto chamado Sebastian Diedricks lhe acertou uma bola de rúgbi na virilha. O menino de dez anos pediu desculpas... a Kate.

No dia anterior à viagem para a Nova Zelândia, William recebeu um certificado que confirmava seu título provisório como piloto da RAF. Ele havia conseguido esse certificado porque havia completado o curso de voo de doze meses, e não pelo treino especial que havia feito dois anos antes. Seu pai conferiu a honra a William em uma cerimônia na RAF de Shawbury, que contou com a presença de Kate. O príncipe Charles fez uma referência às dificuldades passadas pelas namoradas daqueles que seguiam essa linha de trabalho. "Eu sei muito bem como pode ser complicado ter alguém próximo nas Forças Armadas, porque ele está, na maior parte do tempo, distante", ele disse. "Mas hoje é um dia de grande orgulho para toda a família e também para a namorada. Todos sabem que nossos filhos trabalharam muito, entre todas as outras atividades que não sabemos." Orgulhosa, Kate ovacionou William em pé, e logo William a levou para voar em um Griffin Chopper.

Ao retornar do outro continente, William começou a próxima etapa de sua carreira – aprender a pilotar o famoso helicóptero de resgate amarelo Sea King. Depois de uma breve introdução na Estação Naval e Aérea Real de Culdrose, em Cornwall, ele voltou à RAF Valley. Esta era a mesma base em que havia feito resgate em montanhas, depois de terminar a universidade. Era esperado que ficasse ali até setembro, quando seria qualificado para uma missão operacional de três anos. Ainda era desconhecido para Kate – e também para William – que Valley seria a sua casa pelos próximos quatro anos.

"Orgulhosa, Kate ovacionou William em pé, e logo William a levou para voar em um Griffin Chopper."

William decidiu que gostava da localização isolada e a listou como uma das duas bases preferidas para a missão. Seu superior concordou que atendia às necessidades operacionais. Isso significava que William apenas iria ao norte de Gales em 2013.

Sem perder tempo, o casal escolheu uma bela casa que oferecesse um lugar agradável para viver – e, é claro, privacidade.

A carreira de William, a nova casa e a sua localização deram a Kate tempo para que se acostumasse com a ideia de um dia se tornar rainha.

A vida como mulher de um soldado pode não ser tão excitante quanto aquela de festas e eventos em Londres, mas trará uma base sólida para o início do casamento. Certamente será uma introdução mais tranquila à vida da realeza do que passou a princesa Diana, que havia acabado de completar vinte anos quando se casou com Charles.

Ao conversar com William sobre seus compromissos na Austrália e na Nova Zelândia, Kate tem uma boa ideia do que esperar nos próximos anos. No futuro, ela o acompanhará ao redor do mundo representando seu país e seus súditos. Esse é um trabalho que exige bondade, paciência, esforço, tato e diplomacia. Kate vai precisar do apoio de William e mais ainda de seu amor.

Mas aqueles que acompanharam o crescimento do casal durante esses anos juntos não têm dúvida de que a monarquia está em boas mãos.

LINE 7
SAP
Telecom
NEW ZEALAND

Onde será a lua de mel?

A família real é conhecida por ter sempre os mesmos hábitos, e William e Kate não são diferentes.

Se gostam de uma viagem, tendem a voltar muitas e muitas vezes.

Eles adoram esquiar e vão com regularidade às montanhas em Klosters e em Courchevel, e, ocasionalmente, em Verbier. Mas apesar da paixão por esportes de inverno, esses resorts seriam uma escolha estranha para a lua de mel. Seguindo a tradição, a escolha estaria entre os ensolarados destinos a seguir.

A ilha Rodrigues, perto da ilha Maurício, não pode ser descartada, porque foi visitada pelo casal nas férias de verão antes de seu último ano de faculdade. William escreveu uma dissertação com dez mil palavras para a universidade sobre os recifes de coral da ilha, além de ter viajado para lá quando foi estudar o oceano com a Sociedade Real de Geografia, em 2000.

Mas as maiores apostas estão em lugares mais paradisíacos. As areias brancas e os coqueiros da ilha Desroches, em Seicheles, são difíceis de competir. O único porém é que William levou Kate a essa ilha depois da reconciliação do casal. Talvez o lugar traga algumas memórias desagradáveis de tempos complicados do relacionamento.

A favorita, então, é Mustique, uma ilha adorada tanto por celebridades quanto pela realeza. William e Kate foram para lá na Páscoa de 2006, durante as férias de Sandhurst, e outra vez em agosto de 2008, depois que ele terminou o mês de treinamento na Marinha. O destino

também é o preferido pelos familiares de Kate – mas eles provavelmente não irão junto com o casal em lua de mel!

Um lugar que será facilmente desqualificado é a reserva natural no Quênia, propriedade da família de Jecca Craig – ex-namorada de William. Também não é provável que o casal viaje para Ibiza, para uma semana no La Maison de Bang Bang (a vila de 5 milhões de libras onde o casal esteve em 2006), do tio de Kate, Gary Goldsmith.

12

Futuros rei e rainha

A espera pelo noivado real mais antecipado da história chegou ao fim pouco depois das 11h de terça-feira, 16 de novembro de 2010. Começaram as celebrações ao redor do mundo e uma cobertura nunca antes vista por jornais, rádio e estações de TV.

Atencioso, William deu a Kate o adorado anel de noivado de sua mãe, para que Diana pudesse fazer parte do dia mais feliz de sua vida. Kate usava a aliança de safira e diamante enquanto os dois faziam a primeira aparição como noivos. William explicou: "Como vocês devem ter reconhecido, é o anel de noivado de minha mãe. É claro que ele é muito especial para mim, assim como Kate, e parecia certo juntá-los".

"Foi a maneira de me certificar de que minha mãe fizesse parte desse dia e compartilhasse um pouco da minha felicidade, afinal nós vamos passar o resto da vida juntos."

O casal falava sobre o anel enquanto posava para fotos em uma atmosfera eletrizante no palácio de St. James. Havia sido o único pertence que William havia pedido depois da morte de Diana no acidente de carro em 1997, quando tinha apenas quinze anos. Disse a seu pai, o príncipe Charles, que um dia gostaria de usar a aliança

“O casal falava sobre o anel enquanto posava para fotos em uma atmosfera eletrizante no palácio de St. James.”

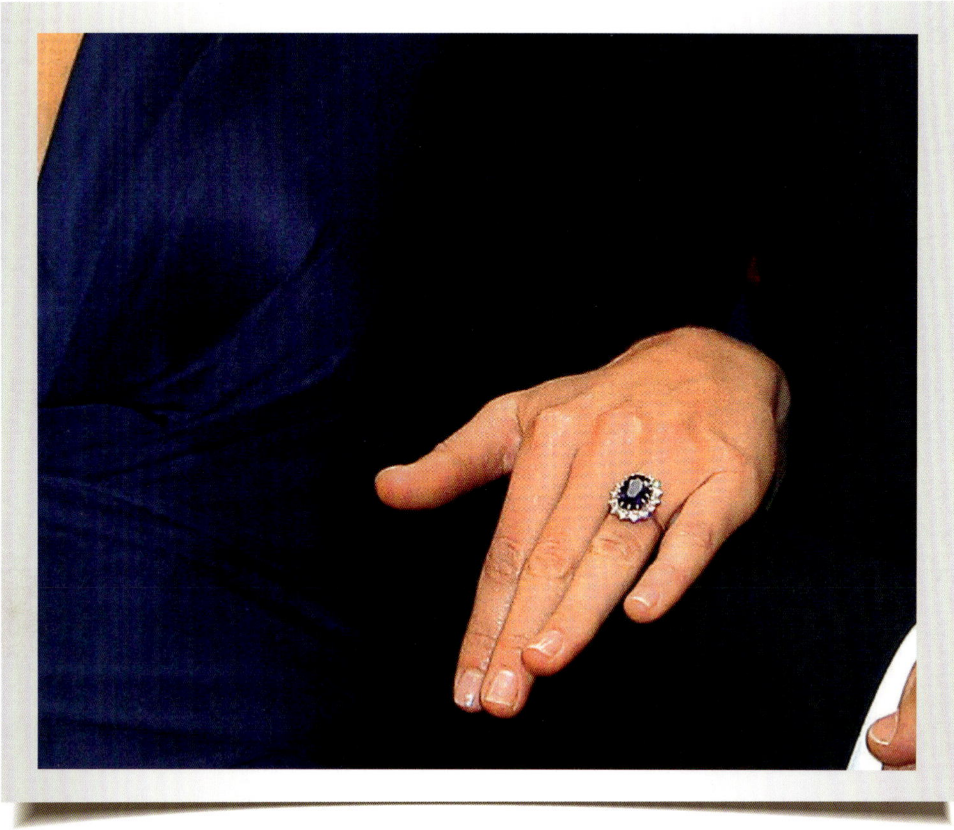

– um elo físico com sua mãe – em seu próprio noivado. O anel era uma recordação de um período da vida de seus pais em que foram totalmente felizes.

William havia guardado a joia em um cofre desde então, mas guardou-a na mala quando partiu de férias com Kate para o Quênia em outubro. Ele se recusou a deixar os outros chegarem perto da bagagem com medo de que seu segredo fosse descoberto. No momento preciso, William colocou o anel no dedo de Kate, depois de ela aceitar o pedido de casamento.

A beleza natural de Kate parecia realçar enquanto mostrava o anel – Diana continuou a usar a joia mesmo depois da separação, até pouco antes de morrer.

Por obra do destino, o anel serviu perfeitamente em Kate, e nenhum ajuste foi necessário.

O príncipe Harry disse estar muito feliz com o noivado do irmão. "Isso significa que ganharei uma irmã, algo que sempre quis."

Kate estava estonteante em sua primeira aparição como futura rainha – usava um vestido decotado azul, produzido por sua estilista preferida, a brasileira Daniella Issa. O belo cômodo do palácio estava iluminado por uma bateria de flashes de câmeras fotográficas. William brincou com a imprensa: "Eu não consigo nem vê-los".

Kate parecia nervosa, mas depois se recompôs enquanto contava sobre o pedido de Will: "Foi muito romântico e pessoal".

Quando os repórteres perguntaram se o príncipe havia ficado de joelhos, ele interrompeu para dizer: "Isso continuará em segredo". Mas ficou subentendido que ele não fez o pedido como os antigos cavalheiros faziam, na posição tradicional, e a localização foi simplesmente descrita como "bonita e isolada".

Kate colocou sua mão esquerda no ombro direito de Wills, enquanto admitia estar um pouco nervosa em se tornar um membro da realeza. Falando calmamente, acrescentou:

"É um pouco assustador, mas com sorte conseguirei superar o medo. E William é um ótimo professor, então creio que ele poderá me ajudar também".

Wills, bem-vestido em um terno Gieves and Hawkes, uma camisa branca Turnbull and Asser e uma gravata marrom, brincou: "Ela é ótima em elogios".

A única vez em que William pareceu vacilar foi ao ser perguntado por que havia levado tanto tempo para pedir Kate em casamento. "Não sabia que era uma corrida", disse, "senão teria sido muito mais rápido. Mas também creio que a hora certa é agora. Nós dois estamos muito felizes, e estou satisfeito por ter decidido me casar."

Então, foi feita uma pergunta sobre o amor dos dois, que lembrava outra feita ao príncipe Charles quando pediu Diana em casamento. Sem se abalar, William respondeu de outra maneira. Ele disse: "Por onde começar? Nós dois obviamente nos divertimos juntos, e temos um ótimo senso de humor.

Somos centrados, trazemos à tona as coisas boas que vemos um no outro. Ela tem muitos hábitos que me fazem rir, e eu sempre a provoco por isso".

No dia anterior ao anúncio do casamento, apenas o pai de Kate sabia sobre o noivado – apesar de William ter pedido a sua permissão depois do pedido a Kate. O príncipe Charles e a rainha foram informados pela manhã, embora já soubessem o que estava para acontecer. O casal discutiu sobre a melhor estratégia de mídia para anunciar o noivado com os consultores no palácio de St. James.

Kate participou de seu primeiro encontro não oficial com jornalistas selecionados antes de sua primeira sessão de fotos. Ela foi reconhecida por sua compostura e por sua simpatia, mesmo estando nervosa, e parecia feliz com a sua estreia. Ela agora diminuirá a carga de trabalho no website da Party Pieces. Os que acompanham a família real tiveram a primeira chance de examinar Kate em uma entrevista de televisão junto de seu futuro marido. O apresentador Tom Bradby – cuja mulher é grande amiga de Kate – se encarregou de entrevistar o casal na residência real, a Clarence House. Eles se mostraram incrivelmente tranquilos em sua primeira conversa pública, enquanto eram perguntados sobre o pedido de casamento.

"Aconteceu cerca de três semanas atrás durante as férias no Quênia", disse William. "Nós tivemos um tempo com privacidade em companhia de alguns amigos. Eu decidi que era a hora certa. Estamos conversando sobre casamento há um tempo, então não foi uma grande surpresa. Eu a levei a um bom lugar no Quênia e fiz o pedido."

Quando Kate começou a falar, milhões de britânicos pararam para escutar a futura rainha pela primeira vez – suas respostas durante a entrevista foram quase abafadas pelo som das fotos sendo tiradas.

"Foi muito romântico", ela riu.
"Há um verdadeiro romântico escondido aí."

Bradby a pressionou: "Então, você disse sim, obviamente?".
Kate respondeu: "Claro que sim".

Como qualquer jovem, William estava nervoso antes de dar esse grande passo. "Eu estava planejando faz tempo", ele explicou, "mas, como qualquer homem deve saber, é preciso estar muito motivado para tomar essa decisão."

Kate fez uma declaração que foi interpretada negativamente pelos observadores da realeza, quando insistiu que não sabia de nada. "Eu realmente não esperava", disse. "Talvez ele já tivesse pensado a respeito, mas não – foi uma surpresa quando ele me pediu em casamento, fiquei muito animada."

Ela confirmou que William havia tomado conta do anel. Ao relembrar a história, William disse: "Eu vinha carregando o anel na mochila três semanas antes, e não a soltava. Eu a levava a todo lugar, porque sabia que se o anel desaparecesse, eu teria problemas.

Você acaba escutando um monte de histórias sobre pedidos que deram errado. Foi muito, muito bom, fiquei muito feliz em escutar o 'sim'".

A parte mais tocante da entrevista foi o momento em que William abriu seu coração sobre a herança de família que deu a Kate. "É o anel de noivado de minha mãe", disse o príncipe.

"Eu pensei que seria bom porque obviamente ela [Diana] não vai estar aqui para compartilhar a alegria e a excitação de tudo isso. Essa foi minha forma de mantê-la por perto."

Ele admitiu não ser um especialista em joias, mas continuou: "Eu fui informado com segurança de que é uma safira com alguns diamantes. Tenho certeza de que todos o reconhecem de outros tempos".

Percebendo o impacto emocional que o assunto tinha sobre seu noivo, Kate disse: "É lindo. Eu espero cuidar bem dele. É muito, mas muito especial".

"Nós dois
estamos muito
felizes, e estou
satisfeito
por ter decidido
me casar."

William confirmou a felicidade do casal com a novidade, mas também admitiu haver um pouco de estresse por trás das câmeras. "Estamos como os patos", disse, "muito calmos na superfície e agitando os pés por baixo d'água."

Seguindo a tradição, William revelou ter pedido a permissão do pai de Kate, Michael, depois que ela havia concordado em se tornar sua esposa. Ele conta: "Eu estive dividido entre pedir ao pai de Kate antes, mas a hipótese de ele dizer 'não' se sobrepôs a mim. Então, achei melhor pedir primeiro à Kate, porque assim ele não poderia dizer não".

Kate contou que a mãe Carole estava absolutamente feliz, e falou sobre a importância de sua família. "Eu espero que nós possamos ter também nossa família, e que sejamos muito felizes."

Bradby tomou a iniciativa de perguntar se o casal queria muitos filhos. William disse, cautelosamente: "Acho que faremos uma coisa de cada vez. Vamos primeiro cuidar do casamento, para depois pensar em crianças. Mas obviamente queremos uma família, então começaremos a pensar no assunto".

O casal também relembrou os anos juntos na St. Andrews.

"Nós fomos amigos por mais de um ano, e o relacionamento surgiu a partir daí", William contou. "Nós passamos mais tempo juntos, rimos muito, nos divertimos muito e percebemos que tínhamos os mesmos interesses e nos dávamos muito bem.

Ela tem um senso de humor muito ousado, o que me ajuda, porque o meu é muito seco. Nós nos divertimos muito – foi assim que tudo começou a acontecer."

Ao ser questionada sobre a primeira impressão que teve de William, Kate assumiu um ar de autorreprovação. Voltando-se para o noivo, admitiu: "Bem, acho que eu fiquei vermelha quando conheci você, e saí correndo, porque senti muita vergonha".

Ela negou o boato de que tinha uma foto de William em sua parede na época de escola – mas não antes que William pudesse brincar sobre isso. "Não havia somente uma, mas sim umas vinte fotos", riu.

Kate se defendeu: "Ele que pensa! Não, eu tinha uma foto de um modelo da Levi's na minha parede, não uma de William, me desculpe!".

William não deixou passar, dizendo: "Era eu vestindo uma Levi's".

Ele explicou que, durante a universidade, haviam se mudado como amigos para viver com outros dois estudantes. O relacionamento começou nessa época, algo que surpreendeu os colegas de apartamento.

Kate contou como o herdeiro ao trono cozinhava regularmente para ela na época de faculdade, mas ficava frustrado quando alguma receita não funcionava.

"Ele ficava com uma mistura de angústia e um pouco de raiva se algo não desse certo. Eu tinha de entrar em ação para tentar salvar alguma coisa."

William acrescentou: "Eu diria que estou cozinhando cada vez melhor. Kate diria o contrário".

E confessou que ela já havia salvado seu bacon inúmeras vezes. "Quando eu queria impressionar Kate, eu tentava preparar grandes jantares", disse, "mas sempre acontecia de alguma coisa queimar, derramar, pegar fogo. E ela acabava tomando o controle da situação, e me deixava contente por estar ali."

Kate revelou ter ficado muito nervosa ao conhecer o príncipe Charles, mas achou o sogro muito, muito acolhedor, muito amigável. E contou como havia conhecido a rainha no casamento do filho da princesa Anne, Peter Phillips, com Autumn Kelly, em 2008.

"Eu a conheci no casamento do Peter e da Autumn, e, da mesma forma, ela foi muito amigável." William acrescentou: "Ela queria conhecer Kate já havia algum tempo, então foi muito bom ter vindo se apresentar".

O casal foi confrontado sobre a breve separação, que William associou à juventude. "Nós dois estávamos nos descobrindo e nos tornando pessoas diferentes", disse.

Kate acrescentou: "Naquele tempo, não fiquei feliz com essa decisão, mas no fim me tornou uma pessoa mais forte".

William contou como seu amor por Kate havia se desenvolvido ao longo do tempo e caracterizou esse período como "muito divertido". Disse:

"Quando conheci Kate, sabia que havia algo de muito especial nela. Tinha certeza de que era algo que gostaria de explorar mais. Nós acabamos nos tornando amigos e construindo uma boa base para a relação.

Nós passamos por alguns problemas, como em qualquer outro relacionamento, mas nos recompusemos e seguimos em frente. É

“É fácil
estarmos
juntos,
é muito
divertido.”

fácil estarmos juntos, é muito divertido. Eu sou extremamente engraçado", brincou, "e ela ama isso, então tem sido muito bom."

William culpa seu trabalho pela demora para oficializar o noivado. "Eu tinha a carreira militar", diz, "e queria me concentrar na prática de voo. Eu não poderia fazê-lo se ainda estivesse em treinamento."

Kate foi questionada sobre a princesa Diana – a mulher com quem inevitavelmente será comparada. Ela disse:

"Eu adoraria tê-la conhecido, ela é obviamente uma inspiração. É uma família incrível – todos que conheci têm grandes conquistas".

William instintivamente interferiu para proteger Kate ao dizer: "Não há nenhuma pressão. Como disse Kate, cada um traça o seu próprio futuro. Ninguém está tentando substituir minha mãe. O que ela fez foi fantástico.

Cada um segue o seu próprio futuro e o seu próprio destino. Kate fará um excelente trabalho. Eu queria dar chance a ela de poder experimentar e talvez voltar atrás um pouco, se precisasse. Eu estou tentado aprender com o passado. Queria apenas lhe dar a melhor oportunidade de ocupar o seu lugar e ver o que acontece do outro lado".

A entrevista histórica terminou com um parecer de nervosismo e de excitação do casal sobre o futuro que o espera. "Estamos muito animados", disse William, "e ansiosos para passar o resto de nossas vidas juntos".

Tendo em vista seu futuro papel público, Kate disse: "Claro que é esgotante. Eu não sei como fazer. William está acostumado com isso.

Mas estou disposta a aprender rapidamente e a me esforçar muito. Eu espero fazer diferença, mesmo que pequena. Estou ansiosa para ajudar o quanto puder".

O casamento será em Londres, em 29 de abril de 2011. Depois, o casal irá viver em uma fazenda em Anglesey, ao norte de Gales, onde William morou nos últimos meses por causa de seu trabalho como piloto de busca e resgate da RAF Valley.

Tem sido uma grande jornada para William e Kate, mas os dois finalmente assumiram um compromisso para a vida toda. Os britânicos e os observadores da realeza em todo o mundo estão seguros de que serão felizes.

K&W